出産・育児ママのトリセツ

「子どもができて妻が別人になりました」というあなたへ

ちょっと、しんどい..かも...

キリッ

はっ 殺気っ …

山本ユキコ
(心理学博士・子育て教室主宰)

イラスト：高倉美恵

忘羊社

～「子どもができて妻が別人になりました」というあなたへ～
産前産後のママに向き合う夫のための"トリセツ"

●キーパーソンは「パパ」●

　この本は、**産前産後のママのイライラにさらされる夫のための、「ママのトリセツ（取扱説明書）」**です。ママのイライラを防ぐためには、まず、その原因を知りましょう。

　子育ては、夫婦が「チーム」として行う仕事です。特に最初の1～3年は365日いつでもオンタイムの大プロジェクトです。決して、母親ひとりでできるものではありません。もちろん、実家や地域の人の力を借りられればいいのですが、実際はそう簡単にはいきません。いまの時代の子育ては、夫婦が「チーム」で行うのが基本です。

　しかし、男と女では子育てに対する考え方も違えば、仕事への姿勢も異なります。対等なチームメイトとして協力すべきふたりが、子育てについて最初からまったく違う考え方をしていると、だんだんコミュニケーションがとりづらくなり、そのうち全面戦争（！）に突入することになります。

　もしすでにあなたの妻が出産を終えて、ひとりで子育てに奮闘しているならば、自分のオフタイムはゼロ、母親という役割でい続けることの「緊張」、社会と切り離された「孤独」、そしてやるべきことがひとつも思った通りに進まない「いらだち」が、ボディーブローのように彼女の心身を蝕んでいます。

　こうしたダメージは、1発2発ならなんともありませんが、

じわじわと蓄積し、**「自分には味方がいない」**という思いが加わると、加速度的に心身が疲弊するのです。厄介なことに、一度限界を超えて爆発してしまうと、軽いストレスにも耐えられなくなり、ささいなことでも爆発する危険な精神状態に陥ります。

まずは、子育ての「チームメイト」であるあなた＝パパが、妻の味方でいましょう。そして、彼女にわかるように、あなたが味方であるということを伝えてください。それだけで、彼女の精神的なダメージは驚くほど軽減します。

私はこれまで、子育ての心理学講師として2000人以上の親子と出会ってきました。小さな赤ちゃんを抱えて苦労しているママたちを見ていると、**夫との出産前後のバトルとクライシス（危機）は、程度の差はあれ、誰にでも起こるもの**だということに気がつきました。

さらに、**妻が夫にイラッとするツボ、ママたちの陥りやすいマイナス思考には、一定のパターン（法則）があり、子育てが順調な夫婦は、夫がそれなりにケアしているという共通点がある**こともわかってきました。

詳しくは本編で述べますが、一番のキーパーソンは夫です。夫が「子育てチームのエース」、すなわち「パパ」へと自らの役割を変えてきちんと活躍している夫婦は、危機を上手に乗り切ることができています。つまりこの時期の**「夫」から「パパ」への変身こそが、子育てを幸せにする鍵**なのです。

●役に立たなかった"知識"●

私は、かつて心理学の博士号を取り、赤ちゃんの教育や学習時の脳の働きについての研究に携わってきました。育児につい

ても、それなりに頭では理解しているつもりでした。

　でも、1人目の赤ちゃんが産まれたとき、そんなキャリアは、まったく役に立ちませんでした。仕事もうまくいかず、研究職のキャリアも断たれそうになり、精神的にもどん底でした。

　同じころ実父が死去し、母の持病も悪化。そして、いまから子どもを保育園に送って仕事に行こうというタイミングで、今度は母が救急車で病院に運ばれたとの知らせ。仕事と赤ちゃんのお世話でいっぱいいっぱいなのに、さらなる負荷がかかってしまった私は完全にオーバーヒート。その場に座り込み、赤ちゃんとふたりで大泣きしました。疲労は最高潮に達し、夫に対しては黙り込んでいるか、あるいは小さなことで日々当たり散らす毎日。正直、あの頃のことは思い出したくありません。

　それから9年が経ちました。いまは研究職もやめ、子育てに関する心理学の講座を主催しています。大変だった当時の自分の実体験や失敗談をまじえながら、本当に役に立った心理学の知恵やノウハウを、ママやパパたちにわかりやすく伝えるような活動を続けています。気がつけば、ひとりでさばききれないほどの講師依頼を受けるようになりました。

　学生のころからやっていた合気道も再開し、子どものことだけではなく、自分のことにも目が向くようになると、子どものふとした瞬間の愛らしさといった、日々の幸せも実感できるようになってきました。

　そして、上の子から7歳の年の差で、2人目の赤ちゃんを授かりました。やっぱり苦労は絶えませんが、以前よりもかなり楽に赤ちゃんのお世話をしている自分に気づきます。

●「幸せな子育て」への処方箋(しょほうせん)●

　気持ちが通じあっていたはずの妻が、妊娠したとたん別人のようになってしまい、突然始まった夫婦の「すれ違い」に戸惑(とまど)うパパ。妊娠出産、子育てに関心が低く、非協力的な夫の言動に怒りを募(つの)らせるママ。そんな、妊娠・出産期のクライシスを、幸せな家族へと変わるチャンスにするための「処方箋」として、本書を執筆しました。

　本文の左ページは、初めての出産に挑むママもしくはパパからのツイートと、そのツイートへの"ツッコミ"を通じて、**ありがちな夫婦のすれ違い**」を解説しています。右のページは、パパに読んでほしい"ママのトリセツ"コーナー。すれ違いの解決のヒントを示しています。さらに、パパもしくは夫婦で読んでほしいコラムも随所に加えています。

　この本を手にとってくれたパパとママ。産前産後の一番大変な時期さえ乗り切れば、いままで以上の幸せが待っています。**家族がもっと幸せになれるかどうかは、いまのふたりの毎日にかかっている**のです。せっかくかわいい赤ちゃんが来てくれたのだから、夫婦の間でストレスをぶつけあい、疲弊(ひへい)する日々ではなく、幸せな子育ての時間をふたりで共有しましょう。

もくじ

～「子どもができて妻が別人になりました」というあなたへ～
産前産後のママに向き合う夫のための"トリセツ"　3

第1幕　ブチギレ妊婦が行く。妊娠初期編　11

第1話　妻、つわりなう。　12
第2話　ブチギレ妊婦が通りますよ。　14
第3話　妊婦のため、ご飯つくってやる。　16
第4話　微熱。　18
【コラム】どうする? 出生前診断　20
第5話　里帰り出産はしたくない。　24
第6話　グチを義母にチクリやがった。　26
第7話　妻のグチ、終わる気配なし。　28
【コラム】実母・義母とのバトルをどう防ぐ?　30

第2幕　妻の怒りのそのワケは…妊娠後期編　33

第8話　妻が明日で産休。　34
第9話　夫クンが、胎教とか言いだした。　36
第10話　夫、助産院についての相談を聞かず。　38
【コラム】どんなお産、どんな育児がしたい?　40
第11話　夫クン、話の途中で逃亡する。　44
第12話　昔はかわいかったのに。　46

第13話 同窓会のお誘いがきた。久しぶりにパーッと飲みたいな。 48
【コラム】赤ちゃんの寝る場所と遊ぶ場所を分けよう 50

第3幕　陣痛なう。 出産前後編 51

第14話 夫が出産に立ち会わん、と。 52
第15話 もうすぐ予定日。あとは、なんとかなるよねえ。 54
第16話 奥さん陣痛、逃げるスキなし。 56
【コラム】出産育児一時金と出生届 58
第17話 ついに出産！ 60
【コラム】産前産後、パパがしてくれてうれしかったこと 62

第4幕　ズタボロ。 産褥期編 65

第18話 ツッコむ元気もないんですけど。 66
【コラム】妊娠・授乳中の食事 68
第19話 義母が毎日来る、拷問中。 70
【コラム】産後1ヵ月の家事スケジュール 72
第20話 赤ちゃん泣いてるわよ、と義母。 76
【コラム】赤ちゃんの湿疹とアトピー 78
第21話 オレ、ミルクやる気そがれる。 80
【コラム】赤ちゃんの授乳とリズム 82
第22話 家事、サボらせてもらいます。 86
【コラム】今日からできるお世話＆失敗あるある 88

第23話　オムツ替えと皿洗いはオレさまの仕事。　90
第24話　家事も手伝うオレっていいパパ。　92
【コラム】〈完璧タイプ〉と〈柔軟タイプ〉　94
【コラム】〈20代のママ〉と〈アラフォーママ〉　96

第5幕　極限との闘い。　生後3ヵ月編　97

第25話　夜泣きなう。　98
【コラム】寝かしつけの7つのコツ　100
第26話　尻をさわるな。寝かせてくれ。　102
第27話　「気分転換に旅行」って、ハア？　104
第28話　「慣れた？」って聞いたらキレられた。　106
【コラム】発達の遅れも障害も、決してママのせいではない　108
第29話　ブチギレ耐久レース。　110
【コラム】赤ちゃんとコミュニケーションを　112

第6幕　イライラは続くよいつまでも。

生後半年編　115

第30話　何もかも足りてない。　116
第31話　外出くらいで干渉するな。　118
【コラム】ママと赤ちゃんで"お友だち"づくり　120
第32話　ママがヤケ買い？　122
第33話　もう限界、赤ちゃんに手を上げそう。　124
【コラム】産後ウツ　126

第7幕　どうなるオレたち？　もうすぐ1歳編　129

第34話　赤ちゃんマジ天使。　130
第35話　パパが赤ちゃん連れて出かけた！　132
第36話　現在10ヵ月。世界一かわいいヤツ。　134
【コラム】赤ちゃんの発熱　136
第37話　家族で動物園に行こう！　138
第38話　保育園に空きが出た！　140
第39話　ふたりの時間？まだ考えられん。　142
【コラム】2人目が産まれたら上の子のケアを　144
第40話　いつまで続く、この生活。　146
第41話　オレだって感謝されたい。　148
第42話　いつか、昔みたいに戻れるのかな？　150
エピローグ　152

【コラム】日常を少しずつ変えていく　155

おわりに　157

第1幕

ブチギレ妊婦が行く。

妊娠初期編

いつも元気で明るかったボクの奥さん。
このごろ、なんだか人が変わったようで……コワイ。

第1話

妻、つわりなう。

オット @kyushudanji・2時間
妻、つわりなう。赤ちゃんがお腹(なか)にいるって言われても実感わかず。つわりがキツイと毎日ゴロゴロ。正直うらやましい。オレもゴロゴロしてぇ。病人じゃないんだから家事ぐらいできないの？…と言いたいけど言えない。オレって小心者？

　なんじゃこのツイート！　この人の奥さんもワタシみたいに絶賛つわり中なんだろうな〜。それにしても、ほんっとわかってないよ、この男。体は重い、胃はチョ〜不快、毎日が重度の二日酔い状態だよ。仕事だってどうなるかわかんないし。考えるのもイヤだわ。毎日眠たくてしかたないのに、夜中何度も目が覚める。ああ〜、大丈夫ワタシ？　出産って痛いんだろうなあ。……いろいろ考えるとウツになるから、や〜めた。

　うちの夫クン、頼めば家事もするんだけど、基本、言ったことしかしてくれない。風呂掃除したら、ついでに排水口ぐらいキレイにしといてっつ〜の。気が利かないったらありゃしない。「やってやったぞ」みたいな表情もムカつく。マイナス50点。

　それにしてもイラつくツイート。「kyushudanji」って…もしや「九州男児」!?　うっわ〜やだやだ、センスもゼロ。でもまあ、うちの夫クン対策に役立つかもしれんし、フォローしとこうかな。ポチ。

パパ読んで！
ママのトリセツ

妻のホンネに
耳を傾けましょう。

　妊娠、出産という大勝負に挑む妻。夫としての一番大切な目標は**とにかく妻の味方でいること**です。

　夫婦仲が良いと、赤ちゃんが産まれた後の精神状態も良い。これは小児精神科医・佐々木正美さんの調査によっても確かめられています。精神状態が良くなると出産のリスクも少なくなり、お腹の赤ちゃんを守ることにもつながります。

　そもそも、**妊娠・出産・子育て中の女性は、ホルモンの変化で非常に攻撃的になります**。妻に非があるケースもあるでしょうが、妻をさらに責めて静かにさせるのは、その場しのぎのやり方です。妊娠中からバトルが日常化するとコミュニケーションがとれなくなり、将来の離婚の危機を招きかねません。長期的に見てリスキーです。

　私が25年間やってきた合気道の極意を表す言葉に「対すれば相和す（あいわす）」というものがあります。自分を攻撃する敵を知り、自分から相手に合わせていくことで争いをおさめ、敵を味方に変えるのです。心身ともに辛い状態の**妻の願いとホンネを知ることで、あなたは敵ではなく味方だと思われます**。えっ？　妻が何を考えてるかなんてわからない？　大丈夫。これから、ママになるあなたの妻のホンネを解説しながら、あなたにできることを説明していきます。今後の幸せが、子育てチームの"エース"であるあなたにかかっているということを忘れずに！

第2話
ブチギレ妊婦が通りますよ。

マタママ @ara4jyoshi・34分
ブチギレ妊婦が通りますよ。栄養とらなくっちゃと、つわりで吐きそうになりながらつくったサラダ。なのに残しやがった。私ひとりで食べればよかったのに、ヤツにも栄養とらせてやろうと思ったのが間違ってた。マジ、ムカつく。

　なんだなんだ、このツイート!?　サラダくらいでひどい言いようだなあ。何？「マタママ」？　教えてグーグルさん。ポチ。へえ、「マタニティーママ」で「マタママ」か。「ara4jyoshi」って、もしや、「アラフォー女子」？　もう女子じゃね～だろう。立派なおばさんだっちゅ～の。
　この人もアラフォーで妊婦なんだ。うちの奥さんといっしょだなあ。アイツは「アラフォーじゃない！　まだ36！」って怒るだろうけど。
　そういえばこないだ、オレもサラダ残してマジギレされたような…。いままで晩メシ残してもキレたことなんてなかったのに。その後落ちこんで、ふさぎこんでたな。これがマタニティブルーってやつか？　怖ぇぇ。
　よし、ウチの「マタママ」の脅威に対抗するためにもフォローしとこう。ポチ。

パパ読んで!
ママのトリセツ

妊婦はすぐキレる生き物です。
気をつけましょう。

　妊娠すると、優しかったはずの妻が些細なことでキレやすくなります。そしてキレた後はふさぎこんだり。感情の振れ幅が大きくなっていきます。**体の不調から来るイライラや、生活・出産への不安が重なり、神経質な状態になっている**からです。

　まず妊娠中の女性は、夜、何度も目が覚めて慢性的な睡眠不足に陥ります。また、胎内の赤ちゃんが大きくなるに従って、体にかかる負担も増えます。お腹が邪魔して自分の足の爪も切れず、靴下は履きづらいわ、腰は痛むわ、足はつるわで大わらわです。さらに「赤ちゃんは元気に産まれるのか」、「陣痛の痛みに耐えられるのか」、「出産後は仕事に戻れるのか」など、不安のタネは尽きず、**訳もなく涙が出たりする**こともあります。

　私も妊娠中からイライラしっぱなしでした。ただし、原因はそのときはわかりません。自分がいつもピリピリしている、ただそれしか自覚できないのです。

　そんな時期、普段はなんともない夫の態度への不満が、少しずつ心にたまっていきます。そしてあるとき、ガマンの許容値を超えると、突然、妻はキレます。ですから、**その直前のあなたの言動は、ブチギレの「引き金」であって、根本的な原因ではありません**。だから、爆発している最中の奥さんに何を言ってもヒートアップするのみ。やるべきことは、爆発する前に不満の芽がどこにあったかを知り、早めに摘んでおくことです。

第3話
妊婦のため、ご飯つくってやる。

オット @kyushudanji・3時間
妊婦のため、ご飯つくってやる。いい夫じゃん？ 出産にも立ち会うつもり。オレってイクメン？…って自画自賛か！でもアイツ、気持ち悪いってひと口も食べなかったな。しょぼん。

　またオマエか、九州男児。大事なのはつくったかどうかよりも、何をつくったかだよ。こないだウチの夫クンも、焼き肉のタレでギトギトの牛丼を出してきた。「それ、私の食べられるものじゃなくて、キミが食べたいものだよね？」って言葉がノドまで出かかった。においだけで軽く吐いたんだけど。あ〜、思い出すだけで気持ち悪い。

　ただ、おなかの赤ちゃんのためにも何か食べないとね。今日は、う〜ん…トマトなら食べられそうかな。トマトを薄めのだしで煮て、温かいそうめんといっしょにつるっと。

　でも、台所のにおいがダメなんだ。やっぱ自分でつくるのはムリ。オエ〜、誰かつくってよ〜。

パパ読んで!
ママのトリセツ

つわり妊婦の食べたいものを
ひたすら貢ぎましょう。

　私も、つわりで食べられない時期、夫が食事を準備してくれたことがありました。でも、出てきたのはニンニク風味の豚バラ丼。「ああ無理かも」と思いましたが、夫に悪いと思ってひと切れ食べた瞬間、めまいがして倒れ、胃液まで吐きました。せっかく作ってあげるなら、**自分の好物ではなく、妻の食べられるものを作りましょう。**

　つわりのときはあれこれ考えず、食べられそうなものを尋ねて、それをただ準備するとよいのです。「イチゴならいけそう」、「あのパン屋のロールパンなら食べられる」、ときには「マックのポテト」なんてジャンクなものだけ受けつけることもあります。なぜだかわかりませんが、とりあえずこの時期は、食べられるものなら何でもいいのです。いちいち突っ込まず、妻の要望をかなえてあげて下さい。

　食べれられるものは日々変わっていきますので、そのつど、本人に確認してください。割高なものもあるかもしれませんが、奥さんと赤ちゃんの健康、そして彼女のイライラ予防と思えば安いものです（ただし、何も受けつけないほど妻が弱っているときは産婦人科に相談してください）。

　つわりが治まったら、いろいろなものが食べられるようになります。あなたが調理できないときは総菜でもOKです。ただし、バランスが大切。肉よりも野菜を多めにすると、イライラした精神状態もおちつきやすいようです。

第4話
微熱。

マタママ @ara4jyoshi・1時間
微熱。体中痛い。先週夫がインフルエンザにかかった。やばいと思って隔離したけど、このざまです。医者から「うっすらＢ型ウイルスが出てるけど、特効薬は妊婦さんには使用できないので、妊婦さんもＯＫの風邪薬出しときます」って言われるし。赤ちゃんに何かあったらどうする気？

　実は先週、オレもインフルエンザから復活したばかり。妊娠中だからって看病してもらえず、死ぬかと思ったよ。ひとりで耐えたオレってえらい。インフルエンザじゃ胎児に異常が起こることはないってネットに書いてあったから、大丈夫じゃん。セーフだよね。高齢出産の妊婦って、いろいろ心配しすぎ？

パパ読んで！
ママのトリセツ

妻の妊娠は"わがこと"です。

　私も第1子の妊娠中、夫がインフルエンザにかかりました。胎児に影響が出る感染症ではないと知ってはいましたが、腹が立ちました。仕方がないことだと思いつつも、妊婦の夫としての自覚のなさにイラっとするのです。

　あなたは、「妻」と「赤ちゃん」と「あなた自身」の健康について、ちゃんと気にかけてください。インフルエンザの流行期なら、**あなたも予防接種を受け、マスクをつけて外出してください**。それでもかかってしまったときは**「大事なときにこんな病気になってごめんね」**くらい言ってもらえれば、妻の気持ちも少しは和らぎます。

　また、35歳過ぎの妊婦の場合、「出生前診断」という、赤ちゃんの遺伝病の血液検査を受けるかどうか尋ねられることがあります。私が夫にどうするか相談したとき、「受けたいなら受けたら？」という人任せの態度に落胆しました。最終決定権は妻にあると考えてのことだと思いますが、妻が受ける検査であっても、赤ちゃんのことなら"わがこと"としていっしょに考えてほしいのです。ママには、**「ひとりで赤ちゃんのことを決めなくてはいけない。もし何かあったら、私の責任にされる」**というプレッシャーがあります。パパの態度ひとつで、ママのプレッシャーがなくなり、気持ちをラクにできるのです。

ふたりで読もう。ふたりで話そう。

どうする？出生前診断

　出生前診断は、35歳を過ぎた妊婦に医師が勧める胎児の検査です。この検査でわかる主なものは、産まれてくる子がダウン症であるおそれです。

【出生前診断3種】

①超音波検査…特に妊婦が希望をしなくても、妊娠12週ごろに胎児の首の後ろにむくみ（ＮＴ＝後頸部肥厚と呼ばれています）があるかを超音波で見てくれます。ほとんどの産院で行われる検査です。この「ＮＴ」があると、染色体番号18、21番の異常の可能性があります。21番の異常によって起こるダウン症は、出生前診断で見られる異常の中で最も頻度が高いものですが、その確率は800分の1と言われています。

②血液検査…35歳以上で「出生前診断をしますか」と医師に聞かれたら、まずこの血液検査のことです。母親の血液から、「クアトロテスト」や「トリプルマーカーテスト」と呼ばれる、胎児の染色体異常を調べる検査を行います。採血のときチクンと痛いくらいで、母体への危険はほぼありません。費用は2〜3万円程度で、結果は赤ちゃんの染色体異常の確率を「1000分の1」や、「300分の1」といった割合で示されます。母親からはよく、「もらったからと言って、安心していいのか心配したほうがいいのかよくわからない数字」という声を聞きます。ちなみに一番確率が高いダウン症は、この確率が295分の1よりも高いと「陽性」と言われ、異常の疑いが濃厚とされます。この295分の1という確

率の意味は、「295分の１の確率をもらったママが295人集まったら１人の赤ちゃんには染色体異常が起こる」というものです。正直、高いのか低いのか直感的にはよくわかりません。

　最近、もっと正確に結果がわかる、ＮＩＰＴと呼ばれる新型の血液検査が始まりました。しかし、検査をできる医療機関が国立やそれに準じる大きな病院に限られており、費用も高額です（カウンセリング料などと合わせて約20万円程度必要です）。この検査なら、胎児の染色体異常がもっと正確にわかります。陽性と診断を受けた場合、母親が35歳なら約70パーセントの確率で染色体の異常のある赤ちゃんが産まれると言われます。

　しかし、血液検査はどれも確率しかわかりません。ここで「陽性」と言われてしまったら、はっきりとした結果が知りたいのが人情です。そのときは次の羊水検査の必要が出てきます。

③羊水検査…赤ちゃんが染色体異常かどうかをはっきりとさせるための確定診断は、「羊水検査」で行います。おなかに針を刺して羊水を取り出し、赤ちゃんの染色体を調べます。費用は10万円程度です。しかし、この検査は300人に１人の確率で、流産などの深刻なリスクがあります。

「300人に１人のリスクなら大丈夫」と軽い気持ちで羊水検査を受けて、まさかの18週での破水をおこし、しばらく妻が入院を余儀なくされた旦那さんのブログがあります（sai-base.com）。破水後に流産という最悪の事態は300人に１人ですが、破水をして入院というケースはもっと多くの確率で起こっています。実際この旦那さんは、入院中の奥さんのケアなどで大変そうです。赤ちゃんは無事に産まれたそうで本当に良かったのですが、最後に「出産関連の一時金などを差し引いても、自腹で60万円強

の支払いが必要であった」とあり、入院に伴う金銭的な負担も切実です。

【受ける前に考えること】

　もし血液検査を受けたいならば、赤ちゃんに染色体異常があると診断がついたときにどうするかをあらかじめ考えてください。一番多い悩みは、ダウン症の診断がついた子どもを産むか産まないかで二択を迫られるケースでしょう。

　私が講師を務める心理学のクラスに来ていたあるママは、第1子がダウン症でした。心臓の疾患など合併症の問題は大きいのですが、「私にとってはフツーのかわいい子」と、気負いなく育てていました。子育ての大変さの理由として「赤ちゃんがダウン症であること」は、あまり大きなものではないのかなと、考えさせられます。もしあなたが、「ダウン症であっても赤ちゃんを産みたい」と思うなら、高齢出産だからと言って血液検査は受けなくてもいいと私は思います（両親や上の子に遺伝的な疾患がある場合は別です。その時は医師や病院の遺伝カウンセラーなどと個別に詳しく相談することになります）。

　血液検査を受けて陽性になったときは、もっとはっきりとした結果が知りたくなります。そうなると、リスクのある羊水検査が必要です。でも、リスクのある検査をして病気がわかったとしても、早期治療ができるわけではありません。「赤ちゃんが病気である」という心構えができるだけです。心構えのために検査を受けて、破水で緊急入院するなんて、リスクとして割に合いません。

　それに、結果を待つ間、もしくは、検査の結果「陽性」と出た場合、どうしたって母親は不安な気持ちを抱えます。ただでさえストレスの大きな時期に検査を受けることで、さらにスト

レスを増やすだけの結果にならないか心配です。

　妊娠→血液検査（ストレス）→結果待ち（ストレス）→結果（ストレス）→羊水検査（ストレス）→結果待ち（ストレス）→結果（ストレス）→診断（ストレス）→出産

と際限のないストレスを抱えるよりは、

　妊娠→出産→診断（ストレス）

となるほうが、ママの受けるストレスの総量は少なくなるでしょう。血液検査を受けたあとで本当に染色体異常のお子さんが産まれたときは、心の準備があることで出産後のストレスが少なくなるのかもしれません。ですが、ほとんどの母親にとっては、検査によるストレスに散々さらされたあげく、産まれるのは染色体異常のない赤ちゃんです。結局ストレスの"受け損"になる確率が高く、メリットは少ないように、私には思えます。

第5話
里帰り出産はしたくない。

マタママ @ara4jyoshi・8時間
やっとインフルから復活！　久しぶりに調子がいいので友達とお茶。里帰り出産するんだって。実家が安らげるっていう人、正直うらやましいよ。ワタシは、実家にいるだけでメンタル的にＮＧなタイプ。考えられんわ。

　え〜！　そうなの？　実家がＮＧ？　そんな人いるの!?
　そういえばこないだ、「里帰り出産って、奥さんもゆっくりできるし、男も独身気分が満喫できる。さすが日本の伝統！すっげ〜いいシステムだよね！」って言ったら、「キミね、実家に帰ると母親がウザイとか言って、自分の実家にはほとんど寄りつかんくせに、何が日本の伝統よ。よくそんなファンタジーなこと言えるよね」ってバカにされた。

パパ読んで！
ママのトリセツ

どっちで産むかは妻が選ぶもの。

　もしあなたの妻が「里帰り出産」を選んでも、あなたがラクにはなるとは限りません。きっとあなたは、つわりの妊婦に気をつかってきた反動で、部屋を散らかしてしまい、ぐうたらとした幸せな毎日を過ごしてしまうでしょう。すると、妻が赤ちゃんといっしょに**散らかった自宅に帰ってきた瞬間、彼女の不機嫌メーターは一気に振りきれます**。

　その前に、まずは**あなたひとりで自宅を赤ちゃん仕様にしておかねばなりません**。赤ちゃんのオムツにベビー服、寝る場所の準備、部屋、風呂、トイレの掃除も抜かりなく整えて…里帰り出産にはむしろ大変なことが多いのです。

　それにプラスして、**出産の立ち合いや赤ちゃんのお世話の練習も必要**です。出産直後はママもまだ不慣れですから、いまのうちにあなたも、お世話の練習をしなくてはいけません。

　自宅に戻って、慣れない赤ちゃんのお世話と出産の疲労でいっぱいいっぱいの妻に「オムツ替え、どうしたらいいの？」なんてのんきにたずねてはいけません。**あなたは、即戦力として期待された"エース"**なのです。

　実家に頼っていると、母（婆？）性に目覚めたおばあちゃんが、「私がするからいいわよ」なんて言って、**あなたの大事な練習の機会を奪いにきます**。そんなばあちゃんと、「イヤイヤ、オムツはボクが！」なんていう小競り合いも起きるでしょう。意外と面倒なことも多いのです。

第6話
グチを義母にチクりやがった。

マタママ @ara4jyoshi・4時間
体がキツイので夫にグチってみた。だけどマジわかってない。スマホばっかりいじって聞いちゃいない…と思ったら急に「おふくろはこう言ってたよ」って義母の話をしだした。は？ お義母(かあ)さんに私のグチ話したの？ 挙(あ)げ句(く)の果てにネットでかじった情報でエラそうにレクチャーしはじめる始末。もうヤダ。

　もしや、こいつオレの奥さん!?　んなわけないか。こないだウチの奥さんも、話の途中で「ちっともひとの話を聞かないね」ってつぶやいて部屋から出ていった。怖え～よ。聞いてるし。スマホ見ててもちゃんと聞いてるし。
　しかも、なんで女って人に相談しながらアドバイスを聞かないんだ。つわりがキツイって話は、前も聞いてやっただろうがよ。あれからオレ、母ちゃんに聞いたり、スマホで一所懸命調べてたんだよ。
　そんな態度だから、また同じことでオレに八(や)つ当たりしなけりゃならなくなるんだよ。やってらんねえよ。はぁ～。

妻の相談は黙って聞きましょう。

　妻がグチる。または悩みごとをこぼす。それはワナです。**妻に対して具体的なアドバイスをしてはいけません**。相談しているように見えても、単に**あなたに話すことで自分の気持ちや考えを整理しているだけ**なのです。問題の答えはすでに自分の中にあるのですが、イライラが邪魔をしてわからない、行動できない。そんな気持ちをなんとかしたいだけなのです。

　妊娠中の体調不調や産休によるキャリアの中断など、経験者でもない**あなたに求められているのは、「タイヘンだよね」と共感し、あいづちを打ってあげることだけ**です。きちんと聞いてもらえたと感じられれば、イライラが少し落ち着くのです。妻の話を中断すると（気の利いたことを言ったつもりでいても）、「聞いてもらえなかった」という不満だけが残ってしまいます。

　聞き役に徹することができるようになったら、奥さんの話が一段落したところで、「○▲□なことがあって、それがイヤだったんだね」と、相手の話を要約してみましょう。すると気持ちが整理され、イライラも軽減。あなたに対して感謝の気持ちも湧いてきます。問題の答えを出すのは、彼女自身です。**あなたが答えまで用意する必要はない**のです。

　また、**あなたの母親の例を持ち出すのは、非常に危険**です。「お前はダメな奴だから、よくできたオレのママの言うことを聞け」と言われているようで、「このマザコンが！」と思われます。絶対にやめましょう。

第7話
妻のグチ、終わる気配なし。

オット @kyushudanji・16時間
今夜のグチ、チョ〜〜長かった。何時間コースだ、コレ？ こないだ久々にビデオ屋で借りた『相棒』で、刑事が「女の話を論理的に聞いたらだめだ。ただウンウンと聞いて、大変だったねと言っておけばいいんだよ」って言ってた。なるほど！ とマネしてみたらこのザマ。あ〜つかれた。

　やっぱり「九州男児」はうちの夫クン!?　めちゃくちゃショック。昨晩めずらしく話を聞いてくれてると思ったら、刑事ドラマの受け売りだったのか！　単細胞なアイツらしい。やっぱうちの夫クンだ。間違いない。あのヤロ〜!!!
　……でもさあ、ウンウンうなずいてるだけだと、ホントに理解してるかわかんないのよね。繰り返し話して、わかってるかどうか確かめないと、不安になるんだよ。
　あら？　アイツ、いつのまにか私のことフォローしてるじゃん。バレると嫌だから、次からは少し間をおいて、時間差でツイートしようっと。

パパ読んで！
ママのトリセツ

共感の一言は、魔法の言葉。

「あいづち」と「要約」ができるようになったら、次は妻の話から気持ちを読み取り、**相手がどんな気持ちでいるのか分類する**練習です。最初はうれしい、腹が立つ、悲しい、楽しいの４つのうち、彼女の話がどれに当てはまるかを分類してみて下さい。その次はホッとした、疲れた、苦しい、心配だ、も加えて８つ。**会話に応じて共感の言葉を入れてみましょう。**たとえば、**「それは腹が立つねえ」**など。うまくヒットすれば、妻の話が早く終わります。

　実際、ある知人の男性がこの方法を実践し、最後に**「それは心配だね」**などとつけ加えるようにしてみたところ、彼女のイライラが目に見えて減り、とても元気になったと感動していました。「いままで、相談されたらアドバイスしなくちゃって思ってました。内容によっては仕事の合間に必死で調べたりしてたんだけど、そんなことしなくて良かったんですね」とのことでした。

　また、産後にパパがしてくれた"うれしかったこと"の聞き取りをしてみたところ、一番多かったのは**「話を聞いてくれたこと」**でした。子育てをイキイキとこなしているあるママは、「どんなに疲れて帰ってきても、パパが１日の話を真剣に聞いてくれる。産前産後はもちろん、いまでもうれしい」と語っていました。子どもが産まれた後も「平日、父子の時間がなくても、いっしょに育児をしている安心感がある」のだそうです。話を聞くことは、育児や家事をすることと同じくらい、ママから喜ばれるのです。

ふたりで読もう。ふたりで話そう。
実母・義母とのバトルをどう防ぐ？

　新米ママは、夫の家族との関係を良いものにしておきたい、特に義母や義父との関係を良くしておきたいという「良い嫁幻想」を持っています。しかし、赤ちゃんを育てるという"プロジェクト"を進めるためには、考え方や世代の違う「実母」や、もともと赤の他人である「義母」とは適度な距離感とルールが必要です。本当は、実母や義母が良かれと思ってしてくれたことでも、自分の子育てと生活を守るために、嫌なことは嫌だと言ったほうが良いのですが、そんなことを言ってもいいのかすらわからない。それが初めての妊娠出産というものです。

　もちろん実家や夫の家族との関係がうまくいっている場合もあります。例えば、
- 赤ちゃんを預かり、マッサージに行かせてくれた。
- 必要なものを聞いて、買ってきてくれた。
- 何か手伝うときは、「こうするけどいい？」と義母から妻に必ず確認をとるように徹底してくれた。

　このように、「妻（嫁）の意向をまず第一に考え、妻の味方になる」という原則を守ってサポートしてくれる実母・義母には、ぜひ積極的に力になってもらいましょう。しかし、そうでないなら、実母・義母のサポートは妻にとっては単なる「介入」で、夫が想像する以上に妻の負担になります。「ブロック」は基本的にパパがしてください。生徒さんなどに実際に聞いた実母・義母とのトラブル例と予防法を具体的に挙げていきましょう。

【妊娠期】

● 義母に「(つわりなんて起こすのは) 気合いが足りないからだ」と罵られた。

● つわり中にさっぱりしたものを食べたいと言うと「エビチリ」を持ってこられるも、ガマン。

● つわり入院中に大量の菓子パンやマンゴーを差し入れられ、匂いで嘔吐。「それが食えんから入院しとんやろ！」

☞ つわり中や入院中は、「いまは辛そうだから」と、見舞いを控えてもらうよう、夫から伝えましょう。食事の差し入れは、妻に食べられそうなものを尋ねてから、具体的な指示を。

● 妻はイヤだというのに、家族旅行に無理やり連れていかれて疲労困憊。

☞ それぞれの実家の都合による無意味な行事や善意の押しつけから妻を守りましょう。本人の体調と思いを尊重することが基本です。

【出産時】

● 出産中に「アンタが産まんでどーするのよ！」と義母に隣で叫び続けられ、集中できず出産が長引いた。

☞ 妻とよほど仲良くない限り（もしくは、あなたがよほど頼りにならない限り）、出産時に実母・義母は呼ばないように。承諾なしに来てしまったら、産室へ入らないように夫からお願いしましょう。

【新生児期】

●「息子そっくりね」「跡継ぎはできたから、次は女の子」などの"失言"にイラっとした。

☞ 失言を失言と思わない人には、特別なイベント時のみ来訪

してもらいましょう。
- 「抱き癖」をめぐるトラブル。「抱き癖が付くから」と、泣き喚く赤ちゃんを抱っこしてはいけないと義母が禁止。逆パターンもあり。義母が来てずっと抱っこし続け、ベッドにおろすと泣くようになってしまった。

  ☞来訪日時はあらかじめ決めて、それ以外は無断で来ないように夫が念押しましょう。

- 「赤ちゃんを連れて外出なんて！」と、3ヵ月間家に引きこもりを余儀なくされた。
- 義母とギクシャクしてしまい、生後1〜2ヵ月の時期に義父が家に来て、家族会議をさせられた。

  ☞こじれそうなときは、いったん距離をとり、会わない期間をつくりましょう。「出産後は気持ちが不安定な時期だから」と伝えて、解決を急がせないようにします。

いま、一番大切な時期である妻が少しでも気持ちよく過ごせるように、実母・義母とは良い距離感を保ちましょう。うまく間に立って心配りをするのは、夫の役目です。

第 2 幕

妻の怒りのそのワケは…

妊娠後期編

第8話
妻が明日で産休。

オット @kyushudanji・8時間
明日で妻が産休に入る。ゆっくりできていいな〜。うらやましいな〜。これから、オレがひとりで稼がなきゃ。男はつらいよ。

　アイツ、全然わかってない。仕事で出産の準備もできてないし。ゆっくりなんてできないよ。それに、ワタシだってもっと仕事したかった。引き継ぎも満足にできなかったし、職場の同僚に本当に申し訳ないから、これから何日かサービスで職場に引き継ぎに行く予定だし。その前に産まれたらどうしよう。もう、今日は本気でブルー。私の方がよっぽどツライわ！

パパ読んで！
ママのトリセツ

出産準備は言われる前に。

　出産前に仕事をしていた、私の教室の生徒さんに、産休に入ったときの悩みを尋ねました。最も多かったのが、**「仕事で出産の準備ができてない」**こと。夫からは、それに対して「これから毎日休みじゃん。いいなあ」と言われ、イラッとしたそうです。

　産休に入るころは、すでに妊娠8ヵ月を超えています。お腹はかなり大きくなり、買い物や出産準備の模様替えも大変です。あなたが率先してやってください。

　そして、教室で聞いた中では、ほとんどの人が、産休に入っても仕事をしていました。専門職の人は、予定日の1週間前まで仕事をしており、私もなんだかんだで2週間前まで仕事をしていました。引き継ぎだってひと苦労です。職種にもよるでしょうが、完全に休めるママは多くないのかもしれません。

　そんな中、出産準備に関してまるで他人事で、**言えばしてくれるけど、自分からは何も動かない夫にイライラしてしまう**のです。

　妻が産休に入ったからと言って、**冗談でも「うらやましい」などと言わないように。**　それよりも、「そのお腹じゃ、買い物は大変だろう。次の休みにオレが車出して荷物持つから、いっしょに行こう」、「チャイルドシートはまず、オレが選んでみてもいい？　カタログもらってくるから」。**ママに言われる前に、積極的に準備に参加**してください。きっと、頼れる夫だと思われることでしょう。

第9話
夫クンが、胎教とか言いだした。

マタママ @ara4jyoshi・3時間
夫クンが、胎教やら早期教育やら、ワケのわからんこと言いだした。どうせネットで見つけたんだろうけど。しかも教材の値段がバカ高い。そんな教育をいったい誰がしてあげるの？　ワタシにしろって？　まだ出産のことすら冷静に考えられないのに。正直ドン引き。

　そういえばこないだ、オレも似たような話をして冷たい目で見られたような…。妊娠中から始められて、赤ちゃんが大きくなっても使えるっていう教材をネットで見つけたんだよね。
　マタママってオレの奥さんなのか？　今度、さりげなく聞いてみよう。
　でもなんでドン引きなの？　オレなりに、赤ちゃんのこと考えてるんだけどなぁ。

> パパ読んで！
> ママのトリセツ

「早期教育」は慌(あわ)てず、騒がず。

「胎教」も「早期教育」も、慌てて飛びつく必要はありません。実は私も気になって、１人目の赤ちゃんがお腹(なか)にいたとき、発達心理学の教授に胎教や早期教育の効果について尋(たず)ねたことがあるのですが、鼻で笑われました。たしかに、早期教育をしているその間は、やっていない子に比べると一時的に発達は早くなりますが、だからと言って将来、**小学校や中学校、その後の仕事の能力が高くなる保証は一切ありません**。慌てず騒がず、まずは妻の意見を第一に考えてください。

　特に第１子の妊娠・出産時は、出産までのことで頭がいっぱいです。産まれた後の教育のことまで考える余裕は、正直ありません。いまの時期、妻が本当に気にしているのは、

　①出産までにしなくてはいけない準備

　②おなかの中の赤ちゃんの発達が「正常」かどうか

　③自分の体型と体調の変化

（仕事をしていれば）

　④自分の仕事について

　あなたもそれ以外のことは考えず、**まずは出産までの準備に励む方がよくできた夫だと思ってもらえるはず**です。

　逆にもし、妻が「胎教」や「早期教育」をしたいと言った時はどうでしょう。それはそれでＯＫ。ただし、「親としての自分」への教育として、楽しめる範囲が現実的です。むしろいまの時期は、**妻の気持ちを安らかにすることが一番の「胎教」**です。

第10話
夫、助産院についての相談を聞かず。

マタママ　@ara4jyoshi・1時間
夫クンに、「人気の産婦人科は出産の予約が難しそうだから、助産院の方がいいかなあ」と相談を持ち掛けたら「どっちでもいいんじゃない」とスマホいじられながら言われた。ほんっと他人事だよねアンタ。マジうざい。

　ええっ、「マタママ」の夫クンもかわいそうに。だって、赤ちゃんが無事に産まれればどこだっていいよね？　そういえばオレも、1週間くらい前に同じようなこと聞かれたなあ。
　やっぱりこれって、オレの奥さんなのかなあ？　まだ聞いてなかったから、明日、そっと聞いてみよう。

> パパ読んで！
> ママのトリセツ

産院選びは
妻の直感を信じましょう。

　まずは、妻といっしょに産院を訪ねてみましょう。助産院は、代表の助産師が取り仕切る個人経営の施設であることが多いです。その助産師の腕はもちろん、人柄も大きな決め手になります。「信頼できる助産師」の第一条件は、妊婦に寄り添い、心強い味方になってくれること。でも中には、「こうあるべき」という理想に走っているタイプの「カリスマ助産師」がいることも確かです。「自然分娩」「完全母乳」「おんぶ抱っこ育児」「布オムツ」をしないと**子どもの将来がゆがむなどと言われ、追い詰められるママも**います。私が主催する心理学の教室で出会った、産後ウツに苦しむママ達は、「カリスマ助産師」から、もともとできっこないレベルの自然派育児を求められ、できない自分と家族を責め抜いていました。特に、良いママにならなければというプレッシャーを正面から受け止めてしまう**真面目なタイプの女性にとって、「カリスマ助産師」はリスクになります。**

　産院でも助産院でも、まずは行ってみて、妻が「うーん、言ってることは正論なんだけど、なんかイヤ」と思うなら、他を選ぶ方が無難です。女性は、受付の態度、待合室の清潔度、その他すべてのデータを総合し、「直感」で本質を見抜きます。ささいな手がかりをもとに、男の浮気を一発で見破る「女の直感」です。

　あなたも「なんかおかしい」と思うなら、他の産院も選択肢に入れることを妻にやんわりと伝えてください。**あなたの反応も、妻の直感にとって大事なデータになります。**

ふたりで読もう。ふたりで話そう。
どんなお産、どんな育児がしたい?

　出産や育児に関するプランを話し合いましょう。妻がひとりで決定するのではなく、パパもいっしょに考えることに意義があります。

【自宅or実家、どっちで産む?】
　自宅の近くか、妻の実家の近くか、もしくは夫の実家の近くか、妻の意向を確認しましょう。
【どんな出産がしたい?】
①街の産婦人科…何かあったときに、陣痛促進剤の使用など、医療的な介入ができ安心です。ホテルのようなお部屋や食事を準備してくれるところもあります。デメリットとして、忙しさのあまりに無駄な医療行為を行うところも一部あります。評判などを口コミやネットで調べておきましょう。
②助産院…体操や民間の食事療法など昔からの知恵を使って、医療の介入を最小限にしてくれます。

　デメリットとして、何かあった時の総合病院との連携が産婦人科ほどスムーズではない可能性があります。リスクのある出産には向いていません。また、産婦人科では検診のついでに簡単に対応できる、出産後のマイナートラブル、例えば、赤ちゃんのおへそのジュクジュク、ママの痔などに対応できないところもありますので注意が必要です。
③総合病院…健康上などの理由で帝王切開で出産する。あるいは持病の管理などで産婦人科以外の科と連携した医療が必要と

いう場合は、総合病院が安心です。デメリットとして、相部屋が基本だったり、食事が基本的に病院食であるといった点があげられます。

特に健康上の理由やこだわりがないなら、口コミで定評のある近場の産婦人科がおすすめです。いい産院は基本的に混んでいます。早めの予約が必要です。

【どんな育児がしたい？】

出産後のための準備は産前から進めておく必要があります。最低限、育児法にかかわる買い物は少しずつ進めておきましょ

う。

①完全母乳or混合育児orミルク育児…母乳は殺菌処理もいらず、すぐあげられて栄養価も高い。赤ちゃんの健康や発達にもよく、母親の健康にも良いと、いいことずくめで、WHO（世界保健機関）からも強く奨励されています。特に問題がなければ服をめくってすぐ飲ませられますし、ママにとってラクでもあるので、もちろん私もおすすめします。

しかし、完全母乳をめざしているが、体質的に、もしくはストレスのためにおっぱいが出ない…そんな中で、行き過ぎた助産師などの指導でウツ的になるまで追い詰められた真面目なお母さんを、何人も見てきました。

母乳育児のメリットは確かにありますが、母親がウツになることや赤ちゃんの低栄養のデメリットの回避が大事です。母乳が出ない、少ないなどのトラブル時には、ミルクとの混合育児、完全ミルク育児に速やかに切り替える柔軟さも必要です。日本のミルクは品質も良いので、混合や完全ミルク育児でも問題はありません。

「最初は完全母乳をやってみよう」と思っているなら、ミルクや哺乳瓶などの関連グッズは出産前に慌てて購入しなくても大丈夫です。

ただし哺乳瓶は、K2シロップという、ビタミンKの欠乏症を予防するシロップを飲ませるのに使用できます（スプーンで済ますこともできますが）ので、購入しておいてもいいですね。仕事の関係で赤ちゃんを早くから保育園に預けるときは、赤ちゃんが哺乳瓶に慣れておく必要があります。

「自宅にいる間は完全母乳でいきたい」という方ならば、赤ち

ゃんが少し大きくなった段階で、搾乳(さくにゅう)したおっぱいを哺乳瓶であげてみましょう。すると、後で保育園に入ったとき哺乳瓶を嫌がるといったトラブルも回避できます。そのときは搾乳グッズも購入しておくと便利です。

②**布おむつor紙おむつ**…布と紙、どちらを購入しておくかあらかじめ決めておきましょう。正直、紙おむつがラクで主流です。ただし、かぶれやすい、紙製品を使うことに抵抗があるなどの理由で布おむつを使用することをママが選んだならば、パパも布おむつの洗濯法を覚えておきましょう。

なんだかいつも ちょっとピントがずれてる
うちのオット
※出し入れしやすいフツーのバッグが無難です→

第11話
夫クン、話の途中で逃亡する。

マタママ @ara4jyoshi・32分
夫クン、話の途中で逃亡する。ありえ〜ん！　最近、夫クンとの会話がぎこちないから、何とか修復できないかなと思って話してみたんだんだけど、「ノド渇(かわ)いたからコンビニでビール買ってくる」だって。もう、マジでふざけんな〜！

　うわぁ、「マタママ」の夫クンもタイヘンだなぁ。お気の毒さま。今日、ママにツイッターのこと聞いてみたけど、ハナから興味なさそうだった。やっぱりウチのママと「マタママ」は別人みたいだ。

　そういやウチも先週ブチ切れてたな。オレへのダメ出し、批判のオンパレード。オレが何を言ってもヒートアップの燃料になるだけ。こういうの、火に油を注ぐっていうんだっけ？

　かといって黙っていると、「なんで黙ってるの！」と怒る。打つ手なし。正直、恐怖しかない。

　そりゃ「夫クン」だって逃げ出すしかないっしょ。男はつらいよ。

パパ読んで！
ママのトリセツ

妻に責められて
逃げたいときは、黙って家事。

　私には子どもが2人います。どちらの妊娠中もイライラから夫にダメ出し。初めはいろいろと反論していたのですが、そのうち夫は黙って逃亡するようになりました。私は**逃げ出した夫を見て「嫌われているのだ」と思い、さらに慢性的にキレやすい状態になる**という悪循環に陥ってしまいました。

　その後、次女がお腹にいるとき、小学校に上がった長女から「ママが怒ると、パパは怖くて逃げちゃうんだよ」と言われ、ハッとしました。自分は嫌われているのではなく、怖がられていたのだと。

　そのうち**夫は、黙って逃げるとさらに私がイライラすることを学んだ**ようで、かわりに黙って家事をするようになりました。私も、少なくとも嫌われているのではないと気づきました。

　男は、「話を聞く＝課題を見つけて解決すること」だと思っています。しかし、女はそれをされると、自分にダメ出しをする敵だと思い込んでしまいます。急に「女性にあわせて、ただ聞くだけにして」と言われても、いままでのクセでうまくいかない男性がほとんどです。いくら反論しても通じない妻から思わず逃げ出したくなる気持ちもわかりますが、ここは踏みとどまって下さい。

　妻の話にあいづちを打って要約することも、共感することもできない。**そんなときは、黙って家事。とりあえず洗い物でもして「あなたの敵ではない」ことを態度で示してください。**

第12話
昔はかわいかったのに。

オット @kyushudanji・15時間
昔はかわいかったのに。つき合ってたころは楽しかったなあ。いまの姿が本性なのか？ だまされたわｗ。別の子（誰？）と結婚してたら、いまごろもっと楽しく暮らしてたのかなあ。なんちゃって。

　ふぅ。こないだ夫クンから、ツイッターのこと聞かれてあせった。テキトーにごまかしたら、ごまかされてるみたいね。
　しかし…そうきたか夫クン。さすがにノーガードすぎるでしょ。お前にそれを言う資格があるか？ ヘタレのマザコンだと結婚前にわかってたら、ぜったい別の人とつき合ってたよ。
　お腹も大きくなって毎日キツイのに、私ばっかり苦労して。ほんっとうに不公平！ もう最悪マジ無理！
　昔はもっと楽しく話できてたし、もっと大切にしてもらってたのになあ。あ〜〜〜、もう寝る!!

パパ読んで！
ママのトリセツ

愛しの彼女は危険物予備軍。

「つき合い始めたころはかわいかったのに」、「なんでこうなっちゃったんだろう」。それはすべてのカップルが一度は感じる疑問で、恋人は必ず危険物に変わるのです。

恋愛中はフェニルエチルアミンやセロトニンなどの脳内麻薬が分泌されます。そのおかげでお互いラブラブです。しかし、短い人で１年、長い人でほぼ３年、いつしか脳内麻薬が出なくなり、**ラブラブの蜜月期には必ず終わりが来ます。**

最初は相手がまるで理想の人格のように思えますが、それは脳内麻薬がつくった「幻」です。自分の幻想を相手に投影しているにすぎません。そのうち、相手のありのままの姿が欠点として映り始めます。特に妊娠中は、相手への不満が募りがちです。

おおらかなところが好きだったはずなのに、「気が利かない」、「ご飯粒をまきちらす」など、いままでの反動で相手の欠点ばかりが目につくのです。そして、自分の不幸の原因は相手のせいだと思い込みます。**「夫がもっと家事をしてくれれば」「私ばっかり苦労して」、「不公平だ」**etc……。

しかし冷静になって考えてください。たとえ別の人とやりなおしたとしても、**妊娠・出産時には誰でもクライシスをむかえる**のです。相手のせいではありません。そういう時期だと腹をくくって乗り切りましょう。

第13話
同窓会のお誘いがきた。
久しぶりにパーッと飲みたいな。

オット @kyushudanji・6時間
おー、久しぶりに大学のころの友達から同窓会のお誘いがきた！久しぶりにみんなとパーッと飲みたいな。楽しみだな。3ヵ月後かあ。出産は終わってるだろうから、行けそうだね！

　アホなの？　うちの夫は。私だってたまにはパーッと飲みに行きたいけど、妊婦だからってがまんしてるのに。確かに私も、出産した後のことは想像できないけど、産後に飲み会ってそれもおかしくない？　予定通りいけば、ちっちゃい赤ちゃんがウチにいるんだよ？

　でも、ずっと毎日風呂掃除とか、いろいろしてくれてるし、たまには息抜きさせてあげた方がいいのかな。

> パパ読んで！
> ママのトリセツ

「飲み会行っといで」は、修羅場のフラグ。

　妻の「たまには飲みに行ってきたら？」を鵜呑みにしてはいけません。その言葉の裏には「私ががまんすればいいから」というホンネが隠れているのです。**飲み会当日、修羅場になるフラグ**です。出産はゴールではなくて「出発点」です。妻は出産のプレッシャーが強く、先のことを考える余裕がありません。だからこそ、あなたが産後のサポート体制を抜かりなく整える必要があるのです。**飲み会は基本キャンセルが無難**です。

　新米ママは「子どもの面倒を見て、家事もして、夫にも息抜きさせる、よくできた母親（妻）になる」という幻想を抱いていることがあります。でもそれはあくまで幻想。経験がないので、できると勘違いしているのです。入社したての新入社員が「カリスマ社員になる！」なんて思っているのと同じ種類の幻想です。

　私も、赤ちゃんが小さいときには、同じ幻想を持って、夫を飲み会に送り出してしまったことがありました。しかし、ひとりで赤ちゃんを見ている最中に**「なんで私ばっかりがまんしてるの？　夫は飲み会でパーッと楽しんでるのに」**と、はらわたが煮えくり返ってきました。そんな中「2次会行ってもいい？」とのんきな夫の電話が。「勝手に行けばいいんじゃない！」と怒り狂いながら子どもの世話をして、玄関にはチェーン。その後、**数日は怒りが収まらず、何をされてもイライラして、家じゅうがひどい雰囲気でした**。あなたも、危険フラグだと思って、決して甘い言葉に乗らないようにしてください。

ふたりで読もう。ふたりで話そう。
赤ちゃんの寝る場所と遊ぶ場所を分けよう

　赤ちゃんの寝る場所と遊ぶ場所を分けると、将来の睡眠問題（寝ぐずり、夜間の覚醒(かくせい)や夜泣き）が起こりにくくなります。この時期に考えておきましょう。

①赤ちゃんが寝る場所

　静かでカーテンがあるなど、暗くなるところ。隣に夫婦がいっしょに寝られるところがベスト。ふたりがベッドを使っているならベビーベッドを。ふたりが布団であるならベビー布団を。この場所には赤ちゃんのおもちゃなど置かず、ゆっくりと眠れるようにします。

②赤ちゃんが遊ぶ場所

　授乳の場所の近くに、赤ちゃんが寝転がってママやパパとおしゃべりしたり、おもちゃなどで遊んだりする場所を確保しましょう。オムツ替えも基本はここ。日中起きているときの赤ちゃんの居場所です。授乳のソファーの近くにコルクマットなどを敷いておくと便利です（赤ちゃんが小さいときは、ベッドにもなる移動式ベビーチェアなどに寝かせてもいいですね）。メリーなど、赤ちゃんをあやすオモチャを準備しているなら、ここに置いておきましょう。

第3幕

陣痛なう。

出産前後編

まず、その手からスマホを離しましょう。

第14話
夫が出産に立ち会わん、と。

マタママ @ara4jyoshi・2時間
いまになって出産の立ち会いキョヒ。ありえないんですけど。「代わりにお袋に来てもらおうか？」って、脳ミソ腐(くさ)ってんの？ 義理の家族なんて、出産時は立ち入り禁止が常識ってモンでしょ？ あ〜、サイアク。ワタシ、ひとりで出産？

「マタママ」の夫はオレの同志だな。女は軽く言うけど、男はナイーブなの！ オレ、血が怖いの！ あんなトコから赤ちゃんが出てくるなんて、ドン引きなんだよ！

　立ち会いをどうやって回避するか。予定日は今月末。月末は仕事の〆日で忙しい。だから代わりにお袋に来てもらう。昨日、この素晴らしいプランを提案したら、キレられた。完璧なプランと思ったんだけどなぁ！

　なんでダメなの？

パパ読んで！
ママのトリセツ

出産時、妻の希望は
すべて叶えましょう。

　出産に対する妻の希望はすべて叶えてください。第１子の出産でやり損なうと、女は生涯忘れません。

　ウチの夫は賢明な上司から「結婚式と出産は妻の言うとおりにしろ。不満があれば、何かあるたびに一生グチグチと言われ続けるぞ」という助言をもらいました。結婚式はもう終わっているのですから、残すは出産のみです。

　妻が夫に立ち会ってほしいと思うのは、**出産を自分のことだと自覚してほしいから**です。

　立ち会いが怖いという男性は多いですが、基本的には産婦の頭の側に助産師さんが誘導してくれます。**赤ちゃんが出てくる、血が出ているところを直視させられることはほぼありません**から、大丈夫です。

　そして出産の際、**妻が呼んで欲しいと希望した人以外、病院に来させてはいけません**。特にあなたの母親。妻が「え～!?　う～ん……いいよ」としぶしぶ承知するようなら、それはＮＯと言っているのといっしょです。

　妻は、精神的にも肉体的にもギリギリの状態で出産に挑みます。他人に気をつかっている余裕などありません。**孫見たさに来たがるあなたの母親をブロックするのはあなたの仕事**です。

第15話
もうすぐ予定日。
あとは、なんとかなるよねぇ。

オット @kyushudanji・15分
もうすぐ予定日。準備の買い物はあらかた終わったけど、現実味がないなあ。とりあえず、あとは産まれた後に考えるか…。なんとかなるよねぇ。

　あぁもう、夫クン、大丈夫？　入院してからのことが、ホントに心配になってくる。出生届とか、出産費用の清算とか、どうしよう。入院してしまったら、ワタシ動けないのに。でもそれよりも、陣痛って始まりそうなときにわかるのかなあ…。急に痛くなったら病院にたどり着けるのかなぁ…。本当に心配だよ。

パパ読んで！
ママのトリセツ

事務手続きはパパの仕事。

　出産直前の妻の心配事は、無事に病院にたどり着けるか、陣痛に耐（た）えられるのかの２つだけ。その他のことは段取りとしては把握していますが、まだ現実として捉（とら）える余裕がありません。

　だから、妻の入院中にやらなくてはいけないことの詳細は、あなたが把握して、予定を立てておきましょう。

　①出生届の提出
　②出産一時金の補助以上にかかる入院費用の清算
　③マイカーの場合は、退院時のチャイルドシートの装着

　この３つは、夫の出番として外せません。「お金とか書類とか、あとの準備はオレがやるから、産むことに集中して」と、てきぱきと準備を進めましょう。妻は「きっと頼れるパパになってくれる」と安心します。

　そして、出産後に帰宅した後の赤ちゃんの居場所とママの食事。妻と確認しながら、ぜひ段取りを進めてください。ある年配のママは、20年近く前の１人目の出産後、産院から自宅に帰ると、家の中が片づけられて、すき焼きが準備されていたそうです。こうしたことは、子どもが成人してからも「一生忘れない」といいます。ときには**小さなサプライズを仕込んでおく**と、ママから予想以上の信頼が得られるでしょう。

第16話
奥さん陣痛、逃げるスキなし。

オット @kyushudanji・12時間
奥さん、陣痛なう。夜中に始まったので、逃げるスキなし。産院にいっしょに来る←イマココ。めっちゃ苦しんでるんだけど。どうするよ。何もできることがないんで、とりあえず待合室に退避中。足がふるえる。誰かタスケテ。

　ふぃ〜。やっと陣痛の波がおさまった。めっちゃ痛いんだけど。あれ、夫クン、どこ行ったんだ…？　もしやと思ってスマホ見たら、この非常時になにツイートしてんの！
　誰か、待合室でスマホ見て青ざめてるアホタレを連れてきて、腰をさすれと言ってください！

パパ読んで！
ママのトリセツ

陣痛が始まっても
オロオロせず、腰でもさすりましょう。

　陣痛の痛みは男性の想像を超えています。初産のときはなおさらです。オロオロする気持ちもわかりますが、スマホはしまって、**助産師さんに習って腰でもさすってください。**ただし、助産師さんが腰をさすってくれると不思議と痛みがラクになるのですが、素人（？）のあなたではなかなかうまくいきません。助産師さんは忙しいですが、スキを見て、さすり方のコツを習ってください。その熱意は必ずママに伝わります。

　陣痛の痛みは周期的にやってきます。痛い時間と痛くない時間が交代でやってくるのです。

　痛みの間隔が短くなってきたら分娩室に入ります。立ち会いをする夫は、必ず助産師さんの指示に従います。**指示がないときはあなたが自分で仕事を見つけましょう。妻の手を握ったり、頭に冷えたタオルをのせたり。**

　ただし、陣痛時は何を言っても「ヾ(Д´*)ノ」という顔をされる可能性が高いです。夫「がんばれ！」、妻「うるさい集中できん！」という感じです。気の利いた言葉は産まれた後までとっておき、いまはサポートに徹して下さい。

　産まれたら、妻に**「がんばったね！　赤ちゃんを産んでくれてありがとう！」**と、感謝とねぎらいの気持ちをぜひ伝えてください。

パパがやってみよう!
出産育児一時金と出生届

【出産育児一時金】

　出産すると、病院や助産院などの産院に42万円までの出産費用が直接支払わるという健康保険の制度です。ママの入っている健康保険組合や国民健康保険で、妊娠4か月を過ぎたころから申請ができますので、社会保険の場合は健康保険の担当者に、国民健康保険の場合は役場に早目に尋ねておきましょう。

　産院では、出産育児一時金42万円を上回った分の実際の出産費用を退院までに支払います。たいていの産院では、通常の出産でも数万円の足が出てしまうので、産院の事務担当の人に概算を尋ねておいてください。

【出生届】

　赤ちゃんを戸籍に入れるための書類です。生後14日までに役場に届けます。届の半面は、医師や助産師さんから書いてもらう出生証明書の欄です。産院でお願いしましょう。残り半分に、あなたが赤ちゃんの名前や本籍などを記載します。生後14日までに赤ちゃんの名前を最終決定し、役場に届けます。

　出生届は24時間365日、時間外でも守衛さんが受け取ってくれるようになっているので、いつでもどの役場でも届出できます。が、できればあなたが住民登録している役場の、通常の時間帯に行った方が便利です。直接の担当者に対応してもらえるので、赤ちゃんの医療費の助成や児童手当の申請など、出産時に必要な手続きを教えてもらえて、いっしょにすませることができるので効率的ですし、地域や年収、その年の政策などによって手

続きが異なりますので、役場の窓口に尋ねるのが一番確実です。

大声を出す必要はありません。

第17話
ついに出産!

新米パパ @kyushudanji・1時間
ああ〜!! 赤ちゃん産まれたよ! すげぇちっさい手。爪もちっちぇ〜。ミニチュアみたい。がんばった! スゲ〜ぞ! オレ。ハンドルネームは、今日から「新米パパだ」! 妻子のために、がんばるぞ!

あ〜、産まれた産まれた。痛かったなぁ。

チビちゃん、これからずっといっしょなんだなあ。これからもよろしくね。まだ実感ないけど。

……あれ、夫クンまたいない。どこに行ったんだろ?

もしや…やっぱり。いったいどこでスマホいじってやがる。あのね、名前変えたり、世界中に決意表明する前に、妻子のところに戻ってこい。

まあいいや。ここのごはん、おいしいって評判なんだよね。楽しみだな〜。

看護師さ〜ん、ごはん食べたいので、ヤツの代わりにちょっと赤ちゃんあずかってくださ〜い。

産院は最後のパラダイス。

　退院して家に帰ると、ほとんどのママは赤ちゃんとふたりきりの生活が待っています。そこには休みというものがありません。産院にいる数日だけは食事・洗濯・掃除の必要がなく、ママがゆっくり休める、最初で最後の機会です。

　産後のお見舞いやお祝い客の交通整理はあなたの仕事。お見舞いやお祝いはありがたいけれど、ママの貴重な睡眠時間と、気力、体力を奪います。あなたの両親にはできるだけ短時間で帰ってもらう。あなたの職場の同僚などは言語道断。**彼女が希望する以外の客をブロックするのはあなたの重大な任務**なのです。

　ところで赤ちゃんはかわいいですか？　産まれてすぐの赤ちゃんは、産道でこすれるなどの理由で顔が腫れています。そのせいか、「かわいいと思えない」男性が多いようです。新生児は小さくてこわれそうで、最初は怖いかもしれませんが、それはママもいっしょ。**泣いたら抱っこする。オシッコだけでなく、ウンチのオムツも替えてください。**産院では、**赤ちゃんの沐浴の仕方も教えてもらえます**。入院中は、夫にとっても赤ちゃんのお世話を落ち着いて習える絶好の機会。最初で最後のパラダイスです。しっかり習っておきましょう。

　赤ちゃんには、母乳以外に「糖水」といわれる５％の砂糖水を飲ませたり、ビタミンＫの欠乏症を予防するシロップ薬を哺乳瓶で飲ませたりすることがあります。母乳以外のものならあなたも飲ませることができます。**もし混合（ミルク）育児になったら、赤ちゃんにミルクを飲ませるのは、そう、あなたの仕事**です。率先してやりましょう！

ママ50人に聞きました
産前産後、パパがしてくれてうれしかったこと

　産前産後、パパにしてもらったこと、うれしかったことをママ約50人に聞きました。その結果を、ママのケア・家事・育児の3部門にわけてランキング形式で発表します。

【ママのケア部門】
　第1位　話を聞いてくれる
　第2位　むくんだ足のマッサージ・クリームを塗る・髪をといてくれる
　第3位　仕事を抜けての送り迎え

「うちの夫は家事ができないから、私のケアをしてもらいました」というママがいました。家事が苦手、仕事が長時間で家事をサポートできないパパの場合はこれが有効です。特に、話を聞いてもらうことの効果は絶大です。

　また、「雨の日の買い物中、困って電話したら、仕事の途中に迎えに来てくれて、また仕事に戻っていった」など、困ったときに仕事をさておき駆けつけてくれたという事実は、やっぱりママの心に残るようです。

【家事部門】
　第1位　風呂掃除
　第2位　買い物の荷物持ち
　第3位　食事の準備
　次　点　皿洗い・掃除・洗濯・ゴミ出しなど、食事の準備以

外のすべての家事・掃除

家事部門では、ママの身体がきつい産前産後ということもあり、身体の負担になる「風呂掃除」や「買い物の荷物持ち」が上位にきました。また産後すぐの(身体がつらい)時期は、食事の準備も重要です。

中には、「掃除全般。タンスの防虫剤管理から、隅々の整頓まで」すべてを受け持つパパも。「してやってる感」を出さずに家事を生活の一部にしている"家事スキル"の高いパパは、ママの信頼感も絶大でしょう。

逆に恨まれるパターンとしては、「自分は何もしないくせに口だけ出す」「『家事はしなくてもいいよ』と、やさしいことを口では言いながら自分はしない」という「口だけパパ」でした。また、「家事をしないだけでなく、私が家事をしているときにスマホをいじっているパパ」は、はらわたが煮えくりかえるほどイライラされています。注意してください。

【育児部門】
第1位　赤ちゃんをお風呂に入れる
第2位　オムツを替える
第3位　寝かしつけ(夜泣き時の抱っこ)
次　点　赤ちゃんをあやす・上の子を連れてお出かけ・ミルクの準備

家事が苦手なパパでも、率先して子どもの世話をする、寝かしつけに協力してくれるパパに、ママは感謝しています。

また、ママに「マッサージに行っておいで」と言ってくれたパパもいます。その間に赤ちゃんを見ながら、夕ご飯の準備をこなし、「泣く子を見ながらご飯の準備をするのは、こんなに大

変なんだね。いつもありがとう」と、帰ってきたママにねぎらいの言葉をかけてくれたそうです。ママの気持ちも軽くなったことでしょう。

「言えばするけど、言わないと何もしないパパ」は、いますぐ行動を改めなければなりません。どうせしなくてはいけないのですから、ママに言われる前に食器を洗ったり、赤ちゃんのオムツを替えましょう。それだけで、ママの気持ちが大きく変わります。

また、一部の何もできないパパでも「自分のことは自分でやる」というだけでも最低限の評価はされます。そのうえでママのケア・家事・育児を1つでもパパの仕事にしてみて下さい。ママに言われる前にやることで、パパへの信頼度・満足度は飛躍的に上がることでしょう。

第4幕

ズタボロ。

産褥(さんじょく)期編

第18話
ツッコむ元気もないんですけど。

新米ママ @ara4jyoshi・3時間
ついに帰宅。まだキツイ。イタイ。無理すれば合間に家事もできるけど、赤ちゃんが寝てるときは私も寝ないと体調が戻らん。案の定、家のなかはゴミだめ状態。パパにうったえたら、義母呼ぶって。マジで？　アンタがしろってこと伝わってる？　ツッコむ元気もないんですけど。

「ara4jyoshi」のハンドルネームが変わってる。産まれたのかな。おめでとう。さすがアラフォー、出産は身体にこたえるようで。ウチも母ちゃん、いや、ばあちゃんが赤ちゃんを見にきたがってるからな〜。家事もしてもらえるし、一石二鳥と思って「ぜひ来てよ」って言っちゃったけど、オレまたマズいことした？

パパ読んで！
ママのトリセツ

産後1ヵ月、家事は夫の仕事。

　産後の１ヵ月、ママはできるだけ横になり、体を休ませる時期です。それに、出産時に赤ちゃんが出てくる会陰をちょきんと切られた、もしくは裂けて切れた傷を縫ったあとが治っておらず、子宮内に残った「悪露」と呼ばれる血液が生理のように出続けます。出産で開いた骨盤が自然に元に戻っていくまで、腰も痛みます。

　戦前〜戦後くらいまで、産後は水仕事をしなかったそうです。炊事洗濯、その他すべての家事は周りの人が行い、母親はただおっぱいをあげるだけ。ひたすら寝て、体調の回復を図ります。

　え？　ばあちゃんに頼めばいい？　普段家にいない人、特に義母の場合、まず家の中を片づけなければなりません。「散らかってても気にしないで。寝てなさい」なんて言われても、**いつもと違うやり方で家事をされるとかえって後が面倒**です。

　私は、たとえ実母であっても"普段いっしょに暮らしていない人"がいるとまったく休めない性格なので、夫とふたりの子育てを選びました。約１ヵ月はかろうじて赤ちゃんのお世話だけ。部屋が汚れ放題でも見ないフリ。結局、ささいなことで実母とケンカになって神経をすり減らすよりも、最小限の家事だけを回す方がいいと判断したのです。

　実母や義母に頼ってもかまいませんが、それを選ぶのはママです。いずれにしても、**家事の主力はあなただ**ということを肝に銘じましょう！

ふたりで読もう。ふたりで話そう。

妊娠・授乳中の食事

「完全母乳を目指すなら、玄米食や肉抜きの和食を」といった栄養指導を受けることがあります。しかし、これは「風邪をひいたらダイコン粥」というような、いわゆる民間療法と同じようなものです。民間療法は、今までの経験からの知恵です。トラブルがあるときにやってみるなら、驚くべき効果があるでしょう。しかし、これはあくまでトラブルがあるときのものです。健康な人が、風邪に効くダイコン粥を食べ続けることで、健康になるための効果はあるでしょうか？　答えはNOです。

健康になるための食事療法には、その時代の流行があります。糖質抜き、油分抜き、玄米食etc……。しかし何かの食事療法や食事制限をしたから健康だったり長寿になるわけではなく、なんでもバランスよく食べることが重要です（カナダ・マクマスター大学による18ヵ国での栄養学的研究でも、バランスのとれた食事が健康と長寿に良いことが示されています）。

そのコツは、限られた食材を「たくさん食べる」よりも、いろいろな食品（お菓子類は除く）を「まんべんなく（バランスよく）食べる」ことです。イメージとしては学校給食。あなたもきっと食べたことがある給食は、よくできたバランス食です。

また、授乳後には充分な水分摂取が必要です。ミネラルウォーターや麦茶を、各授乳後、300ml〜500mlを目安に飲みましょう。私は、少しぬるいお白湯をがぶがぶと飲んでいました。

私が主催する心理学の教室のある生徒さんは、「母乳を出すためには、ゴボウや玄米を食べなくてはいけない」という説を真

に受けてしまい、乳児を連れてスーパーをハシゴしたけれども必要な食材を見つけられず、パニックになってしまったそうです。もともと母乳のトラブルはなかったのに、疲れとストレスのためか、逆に母乳の出が悪くなってしまったという、なんとも本末転倒な話でした。

　同様の話はたくさんあります。真面目なママほど陥りやすい、食事療法の"幻想"なのです。バランスの取れた食事をして、赤ちゃんに授乳した後は水分を補給。あとはできるだけ睡眠をとっておけば充分なのです。

　授乳のトラブル時には、助産師の知恵を借りましょう。トラブルがなければ、神経質にならなくても、いろんな食材をバランスよく食べておけば充分なのです。

すべてが信じられなくなってきた……。

第19話
義母が毎日来る、拷問中。

新米ママ @ara4jyoshi・3時間
義母が毎日来る、拷問中。家事を手伝うって上がり込み、食洗機はムダづかいなんてケチつけるわ、赤ちゃんが小さいとか、気にしてること平気で言うわ。もう来るな。パパに言ってもラチがあかん。私がやるしかない。つぎ来たら追い返す、マジで。

「新米ママ」、キテるな。ばあちゃんが来るのはまずいこともあるのか…。そう言えばうちのママも「もう来ないでいいよってお義母さんに言ってくれる？」なんて言ってたな。
　気をつかってんのかなと思ったけど、本当は嫌なのかな？ウチはそんなに仲悪くないんだけどね。確かにオレのばあちゃんも、ちょっと無神経なタイプだしな〜。本当はイラついてるのかな…。

パパ読んで！
ママのトリセツ

出しゃばる義母を「ブロック」するのは夫の仕事。

　ばあちゃんが孫を見にくるのは、月に１〜２回で充分。それでも多いくらいです。ホンネを言えば、数ヵ月に１回、イベント時のみで勘弁してもらいたいものです。

　あなたの妻方の「実母」なら彼女に対応を任せればいいでしょう。でもそれが「義母」なら、ブロックするのはあなたの仕事。妻に言ってみてください。「ばあちゃんには、こっちが頼んだときだけ来てもらうようにオレが言っとくよ」。義母と奥さんが本当に仲良しなら「そんなことないよ。助かってるよ」と言うかもしれません。

　しかし、**一度そう言われたからって油断は禁物**です。建前上、あなたの妻も悪くは言えない。だから「うん……まあ大丈夫よ」なんて答えてしまうのです。でもその言葉の裏には、**「ワタシががまんすればいいから…」という、声にならないホンネがかくれている**のです。ストレスがたまり、大爆発を起こす前に**「本当はキツいんじゃないの？」**と、一度だけでなく何度か尋ねてみて下さい。高い確率で「ありがとう、本当はしんどかったのよ」と妻の涙の告白がはじまります。

　もし本当に義母と彼女がうまくやっていれば、「考えすぎよ。なんか変なサイトでも見たんじゃない？」とバカにされて終わるかもしれません。そんなあなたは100人に１人ほどの果報者です。

パパがやってみよう！
産後1ヵ月の家事スケジュール

　産後すぐ、できれば1ヵ月はママをゆっくりさせてください。元気に見えても、産褥期は出産で消耗した身体を癒さねばならない時期です。この時期に無理をすると、数ヵ月後に身体を壊したり、ウツになったりするかもしれません。まずは1ヵ月、パパは下記のスケジュールを参考に、家事を"自分の仕事"にしましょう。

5：40　洗濯機に洗濯物を入れてスイッチを押しておく
5：45　食事の準備
　◎おすすめ「作り置き」メニュー
　　・ポトフ・シチュー・豚汁などたくさん作り置きできるもの
　　・野菜炒めと味噌汁（1日分）

☝ポイント
　新生児のお世話中のママは自分の食事の準備ができません。1品だけでおかずになるもの、2〜3日（朝・昼・晩）と食べられるものをパパが作り置きしましょう。ただし、いくつかのメニューをローテーションで作れるようにするとママの評価もアップします。

6：30　洗濯物を干す
7：30　出社

ポイント

育児休暇の"時短"が利用できる人は早めに会社を出る。必要なものや食材、ママの好きなおやつも是非。ママに確認して買って帰りましょう。

18：00　帰宅
18：30　赤ちゃんをお風呂に入れる
19：00　ママが赤ちゃんを寝かしつけ

ポイント

音を立てず、寝室周辺の部屋は電気を消します。玄関にそっと電気をつけて、ママが取り込んでくれた洗濯物を畳んで片づけます。

20：00　ママとごはん

ポイント

ママの話をよく聞く。ママがいま話せる相手は、あなたしかいません。ウンウンとあいづちを打ちながら、「お世話をしてくれて、いつもありがとう」と、帰りに買ってきたおやつをママにプレゼント。小さなサプライズがママの心身を癒します。

21：30　ママがお風呂と風呂上がりのケアをして就寝

ポイント

赤ちゃんが泣かないか気をつけながら、そっと食器を洗い、片

づけをして、赤ちゃんのミルクの準備。

22：00	赤ちゃんにミルクを飲ませて、また寝かせる
23：00	パパ風呂に入る。風呂からあがるときに、風呂掃除も済ませておく
24：00	部屋の片づけ、パパ就寝

☝ポイント

赤ちゃんがいるとお部屋の片づけができません。1日1回でもパパがきれいにしてくれると、すさんだ心が安らぎます。

《まとめ》

スケジュールを見ただけで、「こりゃダメだ」と、あきらめていませんか？　産後1ヵ月までは非常事態。身体をゆっくり癒すべき時期なのに、昼は赤ちゃんのお世話、夜は授乳による睡眠不足というストレスのかかる毎日を、ママは休みなしで続けているのです。あなたがサポートすれば、ママは「育児の合間に家事をしなくていい」と安心して、赤ちゃんといっしょに睡眠をとることができます。体力が回復することで、ママはあなたへの感謝と信頼が心から湧き上がるはずです。

「やりもしないのに、文句だけ言う」パパでは、ママは消耗するばかりで何も頑張ることはできません。完璧にできなくてもまずはトライ！　やってみてできない部分だけ、ママに助けを求めてみてはどうでしょう。「パパは家事を"自分の仕事"と思ってくれている」、「子育てチームの仲間なんだ」と実感できれば、ママにも力が湧いてきます。

なお、育休を取ると男性も給与の67％（6ヵ月以降は50％）の育児休業給付金がもらえます。パパ・ママ合計で通常より2ヵ月ほど長く育休を取れる制度（「パパ・ママ育休プラス」）もありますので、男性育休も活用してみて下さい。ただし取得にはいくつか条件があります。まずはネットで検索するなどし、会社の労務担当者や男性育休の専門家にご相談ください（例：イクメンコンサルタント協会　http://jd-stop.com/）。

アンタの声が一番うるせーんだよ！と、言いたいところだけど……。パパらしくなってきたね。

第20話
赤ちゃん泣いてるわよ、と義母。

新米ママ @ara4jyoshi・12時間
義母は「赤ちゃんが泣いたらすぐ抱っこしないと、愛のない子になる」ってイヤミを言うし、実母は「抱っこしすぎると抱きグセがつくから駄目だ」っていうし。いったい私にどうしろと？ 抱っこ？ 下ろす？ どっちやねん！

　何だ何だ？　結局どっちがいいんだ？　わからんなあ。オレの母ちゃんも「赤ちゃんは抱っこしろ、抱っこしろ」って言ってたけど、これダメだったの？　まあ、抱っこしても、なれの果てがオレじゃ説得力ゼロだけど…。

義母世代のお節介からは
距離を取りましょう。

　私が主催する心理学の教室に来てくれたあるママの赤ちゃんは、抱っこからおろすといつも泣いてしまう「ママ大好き赤ちゃん」でした。義母は、「あなたが抱っこしすぎて抱きグセがついたのよ」と、泣きわめく赤ちゃんをママから取り上げました。ママはそんな赤ちゃんの泣き声に耐えられず、義母から赤ちゃんを奪い返すバトルが繰り広げられたそうです。ママは、3人の子どもを育てた義母の言うことに説得力があるような気がして、それからというもの、**「自分の子育てが悪いのか」という罪悪感**に苛まれました。

　心理学者・アドラーは、「"どうしてそうなったのか"という原因を追究する"原因論"は問題解決に結びつかない」と言っています。赤ちゃんの個性や現在の子育ての状況をよく知らない親類が、日々一番がんばっているママの育て方を否定したり、**ママにいま以上の努力を強いるようなアドバイスをすることは、問題の解決になりません**。むしろママの精神状態を悪化させる破滅的な行為です。ママの精神状態を良好にすることこそ最重要課題です。

　おばあちゃん世代には、「その考え方（態度）を変えてくれ」と頼んでも、そう簡単には変わりません。特に、ママが不安を抱えやすい生後2年は、義母・実母も含め、**「善意」であってもママの育て方を非難する親類からは距離を取った方がいいでしょう**。特に義母は、パパがうまくかわして接触の回数を減らしましょう。

パパも知っておこう!
赤ちゃんの湿疹とアトピー

産まれてすぐの赤ちゃんはお肌がすべすべのイメージがありますが、本当は湿疹があったりして、カサカサになりがちです。目立たないレベルのものを含めると、ほとんどすべての赤ちゃんにお肌のトラブルがあります。

湿疹がなかなか治らず、慢性化すると、アトピー性皮膚炎と呼ばれる状態に陥ることがあります。「自分が妊娠中に食べたものがいけなかったのか」、「産まれた時に使ったオムツがいけなかったのか」、「薬を塗り忘れたからか」etc……。ママは、ついつい自分を責めがちです。

【なぜアトピーになるの？】

同じように育てていても、アトピーになる赤ちゃんもいれば、ならない赤ちゃんもいます。なぜでしょう。

それは、赤ちゃんが生まれつき持った体質が原因です。

大人でも、添加物、睡眠不足、疲労、栄養不足など、物理的、あるいは心理的なストレスが許容量を超えたとき、喘息やじんましん、アトピーが出ることがあります。また、頭痛やガン、リュウマチなど別の病気になる人もいます。つまり、同じようなストレスでも、人によって出てくる症状が違うのです。

症状は、もともとその人の弱い部分に出てきやすいものです。アトピーの子は、生まれつきストレスが皮膚に出やすい体質なのです。これは、あなた（パパ）だけのせいでも、ママだけのせいでもありません。

【どう対策すればいいの？】

アトピーは、物理的なストレスを減らすことで改善します。具体的なケア方法については、皮膚科医・池田大志氏の著書『男が育休を取ってわかったこと』(セブン＆アイ出版)が参考になります。合成洗剤を使ったベビー用のボディーソープをやめ、ぬるま湯で洗ってあげることで改善する例などが紹介されています。

民間療法はいろいろありますが、食事療法は、ママが無理なくできる範囲ならやってみてもいいでしょう。ですが、指導が厳しすぎると、それをできないママが自分を責めてしまい、心を病む恐れがあります。

また、赤ちゃんの首や腰などの整体を奨める団体もありますが、リスクが高すぎるので、私なら絶対に行きません。赤ちゃんの万病に効くなどと謳っているようなところはまず効果に根拠がありません。藁にもすがりたいというご両親の気持ちはわかりますが、できるだけリスクの高いものは避けてください。こうした症状をもつ子を抱えた親御さんの苦労は並大抵ではありませんが、「運命のいたずら」というしかないのです。赤ちゃんが成長することで、自然と改善することも多くあります。あせらないでいいのです。

実際、以前私が主催していたお弁当持参のサークルで、とてもバランスのとれたお弁当を持ってきていたママがいました。「赤ちゃんのころからアトピーで」とのことでしたが、そのときすでに幼稚園に通う年齢になっていた子どもさんの肌は、もうツヤツヤでした。食生活に気をつけることで、逆に他の子より健康になっているように見えました。

第21話
オレ、ミルクやる気そがれる。

新米パパ　@kyushudanji・3時間
オレ、ミルクを飲ませてあげようと思って、哺乳瓶だって買ってたんだけど、結局ママがいっつも母乳飲ませるもんだから出番がないんだよね。オレ、やる気をそがれてショボーン。

　ああ、ホントにわかってない。母乳は3時間ごとにあげないとおっぱいが張って乳腺炎になりそうになるのよ。気まぐれに、急にミルクあげたいなんて言われてもね。パパの自己満足のために体調くずすなんて、できないのよ。なんでわかってくれないかなぁ。

パパ読んで！
ママのトリセツ

パパの授乳は夜10時を日課にしましょう。

　母乳育児をしたい。でも、パパにも授乳してもらいたい。なかなか両立しない願いです。

　授乳の予定の時間には乳房の内部におっぱいが分泌されており、その時間に赤ちゃんが吸わなければ、おっぱいが固くなり、痛みが出ることもあります。乳腺炎という炎症が起きるまで悪化すると、ママは高熱を出し、すべての育児・家事をストップして療養を余儀なくされます。

　また母乳は、赤ちゃんがいつも吸う時間になると、自然とおっぱいにたまるようになってきます。吸わない時間にはたまらなくなります。吸わない時間が不規則に続くと、「おっぱいをあまり出さなくていいんだ」と体が判断するのか、母乳の出が悪くなることがあります。気まぐれな時間にミルクをあげすぎると、赤ちゃんがミルクでおなかいっぱいになって母乳をのまなくなり、ママの母乳が出にくくなるという悪循環に陥るのです。ミルクは妻の指示に従い、妻の体調を第一に考えながらサポートしてください。

　理想的な落としどころは、**産婦人科から帰ってきたその日から、パパが夜10時の授乳にミルクを上げる習慣をつける**ことです（次ページ参照）。完全母乳ならママのおっぱいの出が多い午前中の時間帯に搾乳して、それを冷凍しておき、夜の10時（などの決まった時間）に飲ませるといいでしょう。

パパとママでやってみよう
赤ちゃんの授乳とリズム

　赤ちゃんへの授乳と睡眠については、以下の2つの方法があります。

【赤ちゃんの授乳法】
①生活リズム法
　大人がリズムを決めて授乳や就寝をさせる方法です。
　3時間ごとなど、大人が時間を決めて授乳をします。睡眠時間も同様に、大人が決めた時間に寝かしつけを行います。プロとして複数の赤ちゃんを面倒を見る、乳児院や乳児保育施設、低出生体重児を扱う総合病院などで指導されている方法です。夜型の生活から抜け切れていない新米ママの場合は、この方法を取り入れることでママの睡眠と食生活も改善されます。生活のメリハリが出て、赤ちゃんの睡眠や授乳の問題が起こりにくくなります。ただしこだわりすぎると、スケジュールどおりに進まない苛立ちに、ママのメンタルがすり減る恐れもあります。

②デマンディング・フィード法
　赤ちゃん任せで、授乳や睡眠をさせる方法です。
　赤ちゃんが泣けば授乳、寝れば就寝です。助産院や"自然派"の産婦人科でよく指導されます。完全母乳とセットで指導されることが多く、軌道に乗れば細かいことにこだわらずに、赤ちゃんにいつでも授乳ができ、ラクな方法です。しかし、生後6か月前後から、夜中に何度も目を覚ますという睡眠の問題が出がちです。また、完全母乳の場合は、ママのおっぱい以外の、哺

乳瓶などによる授乳を受け付けなくなる恐れもあります。さらに、「母乳が出にくい」、「赤ちゃんが夜寝ない」などのトラブルが起こると、ママは改善のための果てしない努力を求められ、その結果、過度に追い詰められる恐れがあります。

【どっちを選べばいいの？】

赤ちゃんが低出生体重児の場合は、自分でおっぱいを要求する体力がなく、低栄養になる恐れがあるので、医師とも相談して、生活リズム法をきちんと取り入れる必要があります。そうでない場合は、どちらを選んでも構いません。

生活リズム法については『カリスマ・ナニーが教える赤ちゃんとおかあさんの快眠講座』（ジーナ・フォード著、朝日新聞出版）が参考になります。ただし、寝かしつけについては非常に参考になる反面、赤ちゃんのお世話に慣れない新米ママは、分刻みのスケジュールができない自分を責めてしまいがちです。私は子育て中のママが読むのはあまりおすすめしません（出産前にあらかじめ勉強しておくのがいいと思います）。ここではこの本から一部要約して、私の第2子のお世話に役立った夜の授乳スケジュールについて紹介します。

19：00　ママがしっかり授乳をして、赤ちゃんが就寝。
22：00　夢うつつの赤ちゃんをそっと起こして、パパが哺乳瓶で授乳（もしくはママが授乳）。その後、またそっと寝かせる。
1：00　ママが授乳、また寝る。
4：00　ママが授乳、また寝る。

7：00 ママと赤ちゃん起床。

　成長に従って授乳の間隔やタイミングは変わりますが、夜10時の授乳は生後6か月まで変える必要はありません。もしママが生活リズム法を採用してみようと思うなら、パパが「夜10時の授乳」をすることで、ママがまとまった睡眠をとることができます。

　ただし、きっちりとした生活リズムを守れるママや赤ちゃんは少数派です。実はウチも、第2子は生活リズム法を取り入れたものの、パパの「夜10時の授乳」を日課にすることには失敗しました。「大まかに授乳のリズムを作って、できない時はあきらめる」というくらいに構えるのが現実的で、睡眠の問題にも対応しやすいのでおすすめです。

　なお、睡眠に効く生活リズムのおおまかなコツについては「寝かしつけの7つのコツ」（100ページ）をご覧ください。

パパは今日も仕事ガンバったぞっと。

第22話
家事、サボらせてもらいます。

新米ママ　@ara4jyoshi・12時間
赤ちゃんが寝てるスキに洗濯しようとしたら、必ず起きる。食器を片づけようとしたら急に泣きだす。まったく家事が進まん！「ずっと家にいるんだからそのくらいやれよ」的な夫クンの態度にもウンザリ。だったらオマエが1ヵ月、赤ちゃんの世話しながら家事も完璧にこなしてみろ〜。もっとサボってやる！

　えぇ、そんなのキビしすぎる…。実はオレも、「ずっと家にいるくせに、夕飯もできてないってちょっとおかしくない？」って思ってたんだけど。1日中ずっとオムツ替えたり、おっぱいあげたり、赤ちゃんのお世話ばかりしているわけじゃないよね？　空いた時間で家事くらいできるんじゃないのかなあ、って思うんだけど。ホントにできないの!?

> パパ読んで!
> ママのトリセツ

ママがサボれるのは家事だけ。

　赤ちゃんの授乳、オムツ替え、寝かしつけなどのお世話は、「面倒だから今日はやめた！」といって休むことができません。つまり、**サボることができるのは家事だけ**なのです。

　家事は順序良く、段取りを決めて進められれば大したことはないのですが、段取り通りに行かないと本当に面倒です。私は、自分の段取りを邪魔されるのがとても苦痛に感じるタイプなのですが、育休中の家事では、その段取りを邪魔するように、突発的に赤ちゃんが泣く、赤ちゃんの昼寝中にパパッと掃除をすませてしまおうと思っていたら寝てくれない。**すべての「時間割」を赤ちゃんにぶち壊され、自分の思った通りにいかないイラだちに、毎日毎日苦しい思いをしました**。最終的に、家事の邪魔ばかりをする赤ちゃんに思わず声を荒げてしまうほど追いつめられていきました。

　その前に、「家事はサボっていいものだ」と割り切れるように、まずはパパから価値観を変えてください。ママがいま家にいる理由は、あなたの世話や家事のためではなく、赤ちゃんのためです。**「赤ちゃんといたら、皿洗いなんて手が回らなくて当然だよ」**。そして、そのためにオレがいるんだと言わんばかりに、「あとはオレがするよ」と言葉をかけて、皿を洗ってください。私ならそんなカッコイイ夫には絶対、ホレなおします。

　ただし、女性の中には、**自分がイライラしているときに家事をされると当てつけと感じるタイプの人もいます**。そんな場合は**「小人(こびと)の靴屋作戦」**です。妻が寝た後、怒涛(どとう)のように家事をして、言葉にできない分、態度で示してあげてください。全力で。

パパがやってみよう!
今日からできるお世話&失敗あるある

【オムツ替え】

　落ちにくい汚れは、おしりふきでつまんでとる「つまみ拭き」を。力任せにゴシゴシとこすると、オムツかぶれを誘発します。なお、パパがおしりふきをやたらにムダ使いするのは、ママのイラつきポイントです。ママがオムツを替えているときの使用枚数をさりげなくチェックして、自分よりも少ないときは気をつけましょう。

【赤ちゃんの遊び相手】

　ママを休ませるためにも、大切な役割です。よくある失敗は、赤ちゃんと遊んでくれていたはずなのに、いつの間にか眠りこけ、気がついたら赤ちゃんは大泣き、ママが幽鬼の表情で抱っこしていた、なんていうケース。家の中で赤ちゃんにつき合ってあげる自信がなければ、抱っこで散歩にでも出かけましょう。そのほうが、ママもゆっくり休めます。

【寝かしつけ】

　赤ちゃんが寝る前は、遊びすぎて興奮させないようにしましょう。絵本やおもちゃで遊ぶなら、穏やかなものを選び、静かに遊んであげましょう。"高い高い"などのスリル感のある体遊びや、大きな音の出るおもちゃ、画面が光るスマホやDVDなどは赤ちゃんをハイテンションにしてしまうので、寝る前の遊びとしてはNGです。これは、寝かしつけの大切なポイントです。

　ちなみに私の教室でよく聞くパパの失敗パターンは、

①寝室で添い寝→寝ない
②おんぶや抱っこで揺らす→泣き出す
③あきらめて、泣き止まない赤ちゃんを胸の上に乗せ、真っ暗な居間のソファーでぐったり→自分が先に眠ってしまう
④気がつくと、赤ちゃんといっしょに寝ているところを妻が発見

という流れです。我が家でもよくありました。

しかし、ママも手を焼くようなタイプの"眠るのが苦手"な個性の赤ちゃんのパパは、

●赤ちゃんをチャイルドシートに乗せて夜のドライブに出かける
●赤ちゃんといっしょに近くを散歩して川の水音を聞かせる

など、その赤ちゃんが寝やすいシチュエーションを見つけています。

第23話
オムツ替えと皿洗いは オレさまの仕事。

新米パパ　@kyushudanji・30分
家にいるときのすべてのオムツ替えと皿洗いが、オレさまの仕事としてとうとう割り当てられた。お互い、手の空いてるほうがサッとするみたいな、フレキシブルな感じがいいのになあ。でも、そんな口ごたえしたらキレられるから言えないボク。

　分担制度になった理由は、アンタがホントに気が利かなくて、言わなきゃ何もしないからだよ。いちいち「オムツ替えお願いしていい？」「お鍋洗ってもらっていい？」ってお願いするのは疲れるのよ。しかもオムツ替えってい言ったら「ウンチは無理～」とかいうし。私だって、ウンチは「げっ」て思ったけどがまんして替えてるうちに慣れたんだよ。アンタも慣れろ！

> パパ読んで！
> ママのトリセツ

家事分担&外注でママを楽に。

　新米ママは、**赤ちゃんのお世話と家事をどちらも自分ひとりでできるという「良いママ幻想」**にとらわれていることがあります。すると、パパに家事をお願いすることにいちいち罪悪感を感じ、徐々にストレスがたまります。無理と我慢が許容量を超えると、ついに爆発。もう手がつけられません。そうなる前に、育児・家事を率先して分担しましょう。

　また、家事や育児を一時、外部業者にお願いするのも効果的な「爆発回避策」です。パパから「使ってみない？」と声をかけてもらうだけでも気が楽になります。ママたちに人気の「お助け」サービスをご紹介しましょう。

①買い物…ネットスーパー。例えば全国最大手のスーパーのネット注文だと、店舗で買う金額と同じ。一定金額以上の購入で配送料も無料です（詳しくはネット等で調べてみてください）。

②掃除サービス…金額は"ピンキリ"ですが、３時間２万円程度で家じゅうの水回りをピカピカにしてくれるところもあります。

③一時預かり（託児）…「ファミリーサポート」と「認可保育園」が人気です。どちらも事前の申し込みや面談などがあります。

　ファミリーサポートセンターは市町村の有料託児ボランティアを行政の仲介で紹介してもらえる制度です。地域によりますが、生後３ヵ月から１時間800円程度で預かってもらえます。

　また、もし近所に定員に達していない認可保育園があったら、生後６ヵ月以降であれば、働いていないママでも預かってくれる場合があります。書類の提出や、預かり日が決まっているなど面倒もありますが、１日2000円程度とリーズナブルです。

第24話
家事も手伝うオレっていいパパ。

新米パパ @kyushudanji・4時間
仕事から帰って赤ちゃんを風呂に入れる。頭洗うと泣いちゃうけど、がんばって入れてあげてる。晩メシのあとは皿洗い。本当はゆっくりしたいけど、ママがキリキリしてるから皿洗いも育児も手伝う。オレってイクメン！

　赤ちゃんをお風呂に入れて皿を洗っただけで、がんばってるぞとアピール。そういうの、逆効果なんだよ。頭洗うと泣く？ 洗い方がヘタクソだからじゃないの？ 「やってやったぞ！」みたいな表情もムカつく。

　しかも、家事を「手伝う」って何サマのつもり？ なに他人事ぶってるの？ ふざけてんの？ 子育ても家事も立派なお前の「仕事」なんだよ。わかってんのかなぁ。

パパ読んで！ママのトリセツ

家事も育児も「手伝う」は禁句。

　出ました、ママがイラつく言葉の第1位。「手伝う」。

　あなたがもし、小さな会社の経営者だったとします。仕事が立て込んで、この半年休みなし。実はもうひとり共同経営者がいるのですが、何だか他人事のようで、仕事に身が入っていません。しかも偉そうで、気が利かない。頼んだらやるけど、"ドヤ顔"でホメてもらいたがる。今日もあなたに向かって、「手伝ってやろうか？」と一言。「手伝うって、お前共同経営者だろ？　何サマのつもりだ〜！」

　ママにとっての共同経営者はあなたです。たったひとりの対等なパートナーであって、子育ても家事も、「あなたの仕事」なのです。**やって当たり前なのであって、「手伝う」なんて言うのも、"ドヤ顔"をするのもおかしい**のです。

　また家事も育児もせず、**ママがイライラしているときに怒鳴ったり、理づめで追いつめて黙らせるようなパパに、ママは本気で離婚を考え出します**。ママを追いつめるよりも、共に働きましょう。

　あなたに別の"本業"があることは、ママだってわかっています。ダブルワークで大変でしょうが、自分のことを共同経営者と思ってみてください。「手伝う」なんていう言葉は出なくなるはずです。

パパも知っておこう！
〈完璧タイプ〉と〈柔軟タイプ〉

　毎日手を抜かずきちんと家事を回している〈完璧タイプ〉のママは、他人に中途半端に手を出されるのが大嫌い。夫が不用意に家事に手を出すのはNGです。「やり方がなってない」と不快に感じるのです。さらにときおり、「私ばっかり家事をして不公平だ！」と被害妄想のような怒りが爆発することもあります。

　逆に、無理して家事を頑張らない〈柔軟タイプ〉は手を出されてもイライラしませんが、赤ちゃんのお世話や仕事など、他にやることがあると基本的に家事は後回し。当然、家の中は大変なことになっています。

　ただ、〈家事はすべて100％の完璧タイプ〉という人はほとんどおらず、例えば食事は〈完璧〉だけど洗濯は〈柔軟〉など、カテゴリーごとにタイプが変わるのが普通です。こだわりを持っているカテゴリーでは手を出さないほうが無難でしょう。

　以下に、妻のタイプ別のヘルプ法を記してみます。

①〈完璧タイプ〉の妻の場合

　妻がイライラしないカテゴリーを見つけ、パパはそこを担当しましょう。

- ●赤ちゃんの遊び相手
- ●風呂掃除
- ●ゴミ捨て

は、比較的手を出しやすいカテゴリーです。

② 〈柔軟タイプ〉の妻の場合
- 洗濯
- 皿洗い
- 風呂掃除
- 食事の準備
- 赤ちゃんのオムツ替え

など、緊急性の高いところからやりましょう。

「ウチは家事も完璧なのに柔軟だよ！」という幸せな男性は、よほど良く出来た奥さんで、あなたを手のひらで転がしているか、将来の離婚の準備をしています。気をつけて。

オトコの家事って、こだわり出すとやっかいなんだよね〜。

ふたりで読もう。ふたりで考えよう。
〈20代のママ〉と〈アラフォーママ〉

「子育てのコツは"ほどほど"ですよ」と伝えると、〈20代のママ〉はたいてい、ホッとしたような表情をします。ところが〈アラフォーママ〉は納得しません。

〈20代のママ〉は、子育て中も遊んでいたいと考えます。まだ体力もあるので、パッと遊んで息抜きをしたいのです。学生のノリで、若いママ同士、子連れで楽しく遊ぶことが上手です。

〈アラフォーママ〉の多くは、自分たちが遊ぶことよりも、子どものために何かすることに生きがいを感じているように思います。遊びも仕事も充分やったので、あとは子育てに専念したいのでしょう。早期教育や食育、0歳からのトイレトレーニングなどなど、気に入ったジャンルにはまる方が多いようです。

　負担にならない程度にやるのは問題ありませんが、ただし一度それが重荷になると、体力もないので疲労がたまります。「やらねば」という気負いが災いし、自分を追いつめてしまうママもいます。

　外出もせず育児書を山のように積み上げる。すぐ口を出す義母や親族が身近にいる。「こうするべきだ」と（正しい子育て法を）主張するカリスマ講師の育児法にハマっている。これらは、ママを追いつめるリスク要因の典型例です。

　煮詰まる前に、ママの楽しみのための習いごとや、同じママ同士の気軽なおしゃべりの場などに出かけてみるのも手です。気持ちが軽くなり、子育てが楽しくなるでしょう。精神的に追いつめられるリスクも軽減します。

第5幕

極限との闘い。

生後3ヵ月編

第25話
夜泣きなう。

新米パパ　　@kyushudanji・29分
赤ちゃん夜泣きなう。スゲ〜泣いてるからオレでもわかった。ママたいへん。同僚のベビーは６時間寝てるって言ってたけど、うちって育て方ヘタ？　とりあえず眠い。おやすみ〜。

　目覚まし時計投げつけてもいい？　なんで赤ちゃん泣いててそのまま寝るの？　「ママたいへん」？　ツッコミどころ満載。
　しかも「育て方ヘタ」ってなに？　私ばっかり何度も起きておっぱいあげたり、揺らしたり。真冬だよ。風邪ひくっちゅ〜の！　こんなに頑張ってるのにぜんぜんわかってくれない。私ばっか苦労してる。もう、こんな男とは離婚してやる。

パパ読んで!
ママのトリセツ

赤ちゃんが寝ないのは その子の個性。

　赤ちゃんが夜寝ない原因の半分は生まれつきの「個性」です。もしあなたの赤ちゃんが、"生まれつき寝るのが苦手なタイプ"の赤ちゃんなら、頻繁(ひんぱん)に起こされることで、ママの体力と精神力はすり減っています。ママはいまの状況でいつも最善をつくしています。パパも子育てチームのメンバーとして最善を尽くしましょう!

　夜、赤ちゃんが起きたら、

①そっとオムツを見て、ウンチだったら替える

②また寝入るまで、そっと見守る

③寝なければ、抱き上げてそっと揺らす

④赤ちゃんを抱っこして家の中を歩きまわる

⑤赤ちゃんを連れてドライブや散歩に行く

など。例えばママがお風呂に入っているとき、赤ちゃんが泣いたとしても、すぐにママに助けを求めたりせず、抱っこしてあやすなど、努力してください。ママの貴重な"ひとりの時間"を奪わないために、自分にできることをしてほしいのです。「仕事にさしつかえるから」と夜泣きをする赤ちゃんをママに押しつけ、寝室を分けてしまったパパもいます。この時期に**夫が寝室を分けてしまったというあるママは、「もう二度と夫と同じ部屋で寝ることはない」**と、固い決意を継続中です。

　明日も仕事でしょうが、「わが家はいまが正念場」と腹をくくり、赤ちゃんのお世話をしてください。いまが、夫婦関係の分かれ道なのです。

パパがやってみよう!

寝かしつけの7つのコツ

　夜赤ちゃんが寝ない。何度も起きる。その原因の半分は"生まれつきの個性"です。残り半分は一時的なグダグダの時期（107ページ参照）だったり、生活リズム、寝る環境などが原因です。生まれつき寝るのが苦手なタイプの子ほど、生活リズムや寝る環境が整うことで、ラクに眠れるようになります。「難しそうでイヤ」というママにも取り入れやすい、7つのコツを紹介しましょう。

その①　家の電気をすべて消す
　夜寝かしつけるときは、大人が寝るときのように、家の電気をすべて消しましょう。

その②　夜泣きはしばらく様子見
　夜中に赤ちゃんが泣いても、少しの間そっと見守りましょう。生後6ヵ月前後の赤ちゃんは、夜、夢を見て、声をあげたり激しく寝返りをしたりし始める時期です。起きたと思っても、しばらく様子を見てみましょう。

その③　寝る場所と遊ぶ場所を分ける
　寝る場所と遊ぶ場所を分けましょう。「ここに連れて来られたら寝るんだな」と身体で覚えてもらうのです。赤ちゃんの興味を引くおもちゃなどは見えないようにします。

その④　寝る時間を決める
　赤ちゃんのペースで起こしておくと、いつまでも寝ないので大変です。親が時間を決めて、主導権を握りましょう。

その⑤　寝るまでの流れを決める

　寝るまでの生活のパターンと流れを決めましょう。例えば、「お風呂→授乳→寝る」。一度決めた流れは崩さないように、できるだけ頑張ります。「この流れになったら、ぼく（わたし）は寝ちゃうんだ」と身体に覚えさせましょう。

その⑥　母乳やミルクは寝る２〜３時間前から飲ませない

　睡眠の質や長さは、食事の間隔や量に関係していると言われます。チョコチョコ飲みより、寝る前に一気にたくさん飲ませた方がゆっくり寝てくれます。

その⑦　寝る２〜４時間前は寝かせない

　夕寝をさせない。このコツを外すと、①〜⑥のコツを完璧にしていても全部パア。重要な最後のコツです。寝る前の３〜４時間、ここを乗り切れば、夜もしっかり寝てくれます。

　すべてを完璧にする必要はありません。取り入れられるものから少しずつでもやってみてください。寝かしつけがいまよりも改善してラクになりますし、パパの株だってきっと上がるはずです。しかし、「生活リズム法」を頑張れば（生まれつき寝るのが得意な子のように）必ず長く寝てくれるようになるかというわけではありません。環境をいくら整えても個性を完全にひっくり返すことはできないのです。でも、やらないよりはかなりマシ。ほかの子と比べず、いまの状況を改善する糸口として試してみてください。

第26話
尻をさわるな。寝かせてくれ。

新米ママ　@ara4jyoshi・3時間
パパがお尻をさわってくる。寝かせてくれ。「オレもかまって〜」と寝ぼけ眼(まなこ)ですりよってきやがる。明け方になってやっと夜泣きから解放されたっつ〜のに。イラつきしか感じない。

「新米ママ」のダンナ、撃沈したな。断られるってショックなんだよね。オレもこないだ断られた。愛されてね〜な、オレ。
　赤ちゃんができたら女じゃなくなるってホントだな。

パパ読んで！
ママのトリセツ

急がば回れ。
いまは求めず、尽くすとき。

　産後３〜４ヵ月ごろまで（ママによっては授乳が終わるまで）、夫とのスキンシップやセックスは「ノーサンキュー」。そんな気力も体力もありません。疲れ切っているからです。

　産後のママは24時間ぶっ通しの働きづめです。日々の睡眠不足に加え、授乳中は赤ちゃんに栄養も奪われ、体力を限界まで削り取られます。ママにとっての"スキンシップ"は、赤ちゃんの抱っこ三昧で充分なのです。

　妊娠中は性ホルモンの方が優位なので、ママにもまだ性欲が残っているのですが、出産すると、母乳を出す「プロラクチン」という**ホルモンの力で性欲はどこかに引っ込んでしまいます**。「プロラクチン」は男性の射精直後にも分泌されるホルモンで、性欲抑制と脱力、眠気を生み出すホルモンです。**あなたの妻は、コトが終わった後の、あなたのあの性欲のない状態がずっと続いている**のです。その後、もともと体力のないタイプのママはさらに疲れ切っています。そんな体力はもう、残っていないのです。

　ママとの恋愛が、出会ったときのころに戻ったと思ってみてください。セックスなんてまだ早い。まずは好かれるために、いそいそと尽くすことから始めましょう。

　ママの生理が再開すると性欲もゆっくりと回復してきます。それまでは、少しの辛抱です。

第27話
「気分転換に旅行」って、ハァ?

新米ママ @ara4jyoshi・10時間
「気分転換に旅行でもどうよ?」って、ハァ? 家じゅうゴミだらけなのに、旅行なんて行けるわきゃないでしょ。旅行の準備も、帰って片づけるのも、結局私でしょ? 洗濯もたまって着る服もないのに。なに考えとんじゃ〜!

　え!? 旅行ダメなの? オレんとこも先週、「気分転換に旅行に行こうか?」って言ったら怒られた。どうしたらいいんだ。昔は、温泉、テーマパーク、スキー…ってあちこち行きたがってたのに。
　毎日イライラしてて、すさんだ空気感ハンパないし。きっと赤ちゃんの世話ばっかりで参っているんだろうなと思って、気分転換させてやろうと思ったんだけどな。
　このままいまの空気に耐えるしかないの、オレ?

> パパ読んで！
> ママのトリセツ

この時期の息抜きは普通のことこそ幸せ。

　この時期、「気分転換に旅行！」なんて無謀です。旅行に行くと、赤ちゃんもママも体力をすり減らし、体調を崩すリスクも高まります。旅行の準備だけでなく、帰ってきてからの洗濯ものや片づけだって倍増。逆効果です。

　オムツ替えと授乳スペースが完備された近場のショッピングモールにちょっとお出かけ。赤ちゃんが産まれたことで失われた今までの"日常"を少しでも取り戻すことの方が、旅行より気楽で、いい気分転換になります。おっぱいの合間にパパが赤ちゃん係を担当。**ママひとりで1時間、ウィンドウショッピングや本屋での立ち読み。たったそれだけのことで幸せ**なのです。

　私が講師をしている「ベビーサイン」のクラスのママは、買い物時にパパから「明日はゆっくりお風呂につかって」と言ってもらったそう。ママは好きな入浴剤を選び、フェイスパックも買いました。次の日パパが赤ちゃんとお散歩に出かけている間、ママはゆっくりお風呂で髪を洗い、いい香りのお湯に入りながらパックをして、本当に癒されたそうです。

　大げさなことをする必要はありません。毎日の生活を大切にして下さい。赤ちゃんに手がかからなくなるまで、**非日常のイベントでパッと息抜きして楽になるという発想は封印**したほうが無難です。

第28話
「慣れた？」って聞いたらキレられた。

新米パパ @kyushudanji・30分
赤ちゃんもウチに来てそろそろ４ヵ月。ママもそろそろ、赤ちゃんとの生活に慣れたかな？と思って聞いたらキレられた。オレ、何か悪いこと聞いたの？？

　も〜、イラつく！　ようやく落ち着いたかと思ったら、急に夜泣きが始まるし、突然グズりだすし。慣れたりなんてできないよ！　私の育て方が悪かったのか？　初めてだから、これでいいのかなんてこともわからないし、もうイヤ！

パパ読んで!
ママのトリセツ

初めての子育てに「慣れ」はない。

　初めての子育てに「慣れる」という感覚はありません。赤ちゃんは通常、①少し落ち着く時期、②グズグズ、グダグダの時期、③急な成長期、を2週間から1ヵ月程度の周期で繰り返します。やっと慣れたかと思ったら急に始まるグズり。夜は夜で何度も目を覚まし、**ママは、自分のやり方が間違っていたのかと落ち込みがちに。**

　その後、赤ちゃんが急成長してうれしい反面、睡眠やおっぱいの飲み方もいままでと変わり、お世話もまた立て直しが迫られます。どうすればいいのかわからなくなり、また試行錯誤の日々。約2〜4週間に1度、このループの繰り返しです。**ママの気持ちとしては、「ずっと大変」なのです。**

　他のママたちも同じ悩みを抱えていますが、なかなか外からは見えません。ほかのママたちに会うと、**こんな状態に陥っているのは自分だけなのではないかと、自分を責めてしまうこともあります。**

　パパは、赤ちゃんの様子をママに聞きながら、成長や変化をいっしょに喜んだり、悩みをただ黙って聞いてください。そして「本当にずっと大変だよね。いつもありがとう。いまはオレがいるから、ゆっくりお風呂にでも入っておいで」と、赤ちゃんにかまいっぱなしでヘトヘトのママに、気分転換させてください。

パパも知っておこう!
発達の遅れも障害も、決してママのせいではない

赤ちゃんに発達の遅れや障害があると、ママはとても傷つきます。例えばこの3つがあてはまる場合、パパは「ママのせいでは決してない」と、しつこいくらいに言い続けてください。

【ほかの子に比べて発達が遅い】

歩き出しや、おしゃべりの発達がゆっくりな子は、いわば"慎重派"の個性を持って生まれた子です。赤ちゃんは、自分が「きちんとできる」と思えるまで新しいことをしようとしません。が、一度始めたら一気にできるようになるので、発達は追いつきます。生まれつきの性格であって、決してママのせいではありません。

【検診で「要観察」と言われた】※

検診は、障害の可能性のある子どもを1人でも取りこぼさないために、「少しゆっくりだけど、正常範囲内の子」もあえて全員引っかかるようになっています。ほとんどの子は、あとで発達が追いつくので、まだ、いまはどうなるかわかりません。生まれつきの個性が主な原因です。決してママのせいではありません。

【子どもに障害があると診断された】

赤ちゃんが先天性の病気で死産をしてしまったママがいました。どんなに気をつけても、障害のほとんどは確率的に誰にでも起こりうるものです。障害によって確率は変わりますが、1000

分の1、1万分の1の確率が、必ず誰かに起こっているのです。あるママは「自分の態度や考え方が悪いから、罰(バチ)があたった」と思いこむほどに、自分を責め続けました。でもパパが「非科学的だよ。確率によるもので、決してママのせいではないよ」と言い続けた甲斐もあって、ママは1年近くかかって、少しずつラクになっていったそうです。

※市町村などの公的なサポートとして、発達の専門家が月1回程度、定期的に診(み)てくれる場もあります。私の住む北九州市にも、「わいわい子育て相談」という、発達の遅れが気になるお子さんと家族の集まりが、月1回区役所で開かれています。同じ悩みを持つ家族と会えることで気持ちがラクになります。お住いの地域の公的なサポートについてわからなければ、保健所や役場で尋(たず)ねてみてください。

第29話
ブチギレ耐久レース。

新米パパ　@kyushudanji・29分
ママ、怒涛のブチギレ。昨日の朝、廊下に落ちてたゴミ拾っててと言われて拾うの忘れてた。そんだけ。なのにすごいキレられよう。怒りの耐久レース30時間超え。どうすりゃいいんだよ。

　赤ちゃんのお世話で、もういっぱいいっぱい。最初は優しく「ゴミ拾っといてね」。なのに、拾わない。２時間、何も言わずにがまんして見てたが結局拾わず。めちゃイライラするっ！
　なんでできないの？　なんで？　バカなの？　言われたときにすぐ拾えばいいでしょう？　何もかもワタシがしなくちゃいけないの？　赤ちゃんの世話も家事もワタシばっかり。てめぇ何サマだ〜⁉

> パパ読んで！
> ママのトリセツ

イライラの
悪循環(スパイラル)を断ち切るために。

　私が講師を務める「ベビーサイン」の教室に来たママが、すごい剣幕(けんまく)でパパのグチを言い募(つの)ったことがありました。理由は「サラダを残した」、「ゴミ捨てを忘れた」といった、一見些細(ささい)なことです。

　赤ちゃんの面倒をよく見て、家事もこなす"イクメン"のパパであるほど、ママがキレた理由の小ささに困惑します。**出産前後の時期は生理的に感情のコントロールがしづらいのです。**

　もしあなたの妻がイライラのループにはまり込んでいるときは、心理学者のアドラーが提唱した「ベーシック・ミステイク」という、いくつかの心理的な間違いをしている可能性があります。以下に例を挙げてみましょう。

①**見落とし：夫が朝、お皿を洗ってオムツ替えをしたことを忘れている。**

②**決めつけ：夫が育児をしない（＝私しかしていない）。**

③**誇張：夫は何も手伝ってくれない。家事も育児も、全部私ひとり。**

④**過度の一般化：夫は敵だ。私には味方が1人もいない。**

　決めつけや誇張まで進むと、ママはキレます。スパイラル的にふくらむ怒りを断ち切るために、パパも家事と育児をしていることを態度で示して、思い出してもらいましょう。皿を洗ってもいいですし、食事の準備をしてもいいでしょう。「子育ても家事もワタシだけ！」という悪循環にさえ入らなければ、怒りもそのうち収まります。

パパもやってみよう
赤ちゃんとコミュニケーションを

　女性はおしゃべり、あいさつ、ボディ・ランゲージ（笑顔やバイバイなど）も含め、男性の3倍のコミュニケーション量を毎日こなしていると言われています。しかし、育児中はほとんどの時間が赤ちゃんとふたりきり。初めての赤ちゃんのお世話は、オムツ替えと授乳などに手一杯で、黙々とした「作業」のようになりがちです。そうなると、ママの1日のコミュニケーション量は限りなくゼロに近くなり、コミュニケーションへの渇望＝孤独感で、いてもたってもいられなくなります。

　そうなる前に、赤ちゃんとのお世話にコミュニケーションを取り入れて、少しでもコミュニケーションの時間がとれるようにしましょう。生後すぐからできる「ベビーマッサージ」や、生後6ヵ月ごろからできる「ベビーサイン」などはうってつけです。

【ベビーマッサージ】

　ベビーマッサージは、赤ちゃんに声をかけたり歌ったりしながらマッサージをしてあげる育児法です。不思議そうにママやパパを見たり、うれしそうに笑ったり。そんな様子が愛らしく、なんとなく通じ合っている感じがしてきます。

　まず、服は着せたままでいいので、やさしく、赤ちゃんのおへその周りを時計回りになでてあげます。「ぞうさん」や「はとぽっぽ」など知っている歌を歌いながらやってみましょう。赤ちゃんは胃腸の働きが未熟です。気持ち良くてにっこりと笑っ

てくれるかもしれません。

【ベビーサイン※】

　ベビーサインという育児法もあります。これは、赤ちゃんに簡単な手話やジェスチャーのような「サイン」を教え、それでコミュニケーションをとる育児法です。

　生後6か月ごろから始められます。片手をグーパー、開いたり閉じたりを何度かくり返してください。これは授乳のサインとして教えてみてください。パパが「お腹がすいたのかな？」と思えるときに、「オッパイいるの？　ミルクいるの？」と語りかけながらサインを見せてください。

　赤ちゃんにとってサインを見ることは、最初、手遊びのように楽しくて、思わずにっこりしてくれるかもしれません。毎日続けていくことで、赤ちゃんにサインの意味が伝わっていきます。3か月もすると、自分でもミルクがほしいときにお手てをにぎにぎして教えてくれるようになります。

　赤ちゃんが言葉を使えるようになるのは、通常2歳半くらいになってからです。その間、「魔の2歳児」とか、「第1次反抗期」と呼ばれる、とても手のかかる時期がありますが、赤ちゃんは別に反抗したくてしているわけではなく、伝えたいこと、やりたいことがあるのに伝える手段がないことが原因です。

　ベビーサインを覚えると、1歳ごろからサインでコミュニケーションがとれるようになり、お互いのストレスが劇的に減ることがあります。赤ちゃんが小さな手で一所懸命伝えてくれる姿を見るだけで、心が温かくなります。

　わが家の娘たちにも、ベビーサインを教えました。1人目の娘が1歳のころ、お外でパッパッと手を開いて、「電気」のサイ

ンをしました。「お外で電気？ 太陽でも見えたのかな？」と思って空を見上げると、何と大きな虹が出ていました。「赤ちゃんが、虹が出てることを教えてくれたんだ！」。私は感動で胸が一杯になりました。それから2〜3日は、パパの気の利かなさも広い心で許すことができました。「赤ちゃんと気持ちが通い合うということは、こんなに幸せなことなんだ！」と実感できる貴重な体験でした。

※ベビーサインは、アメリカの発達心理学者たちが始めた研究がもとになっています。専門誌に論文も掲載され、サインでコミュニケーションできること、口頭の言葉にも悪影響がないことが確認されていますし、コミュニケーション能力やＩＱの向上が見られるといったデータも発表されています。私も、大学院で日本の親子を対象にベビーサインの効果を調査し、言葉の発達への悪影響がなく、むしろ良い効果があることを学会で発表したことがあります。科学的な裏づけがあるベビーサインは、信頼できる育児法でしょう。

何が見えてるのかな〜

きゃっきゃっ

何かきっと「いいもの」だね。

第6幕

イライラは続くよ
いつまでも。

生後半年編

キミの服なんかも、ネットで買えたりするなんて…

はっ 殺気っ

すみません、ウソです 釣り具みてました。

……

オットだけが、やすやすと外の世界とつながってるようで、こんなに近いのに、違う世界にいるみたい。

第30話
何もかも足りてない。

新米ママ　@ara4jyoshi・6時間
何もかも足りてない気がする。もっと寝たい、いいもの食べたい、風呂にもゆっくり入りたい、友だちとおしゃべりしたい。なのに、毎日赤ちゃんと部屋でヘトヘトになってるだけ。どうしたらいいんだよ。

「新米ママ」、相当煮詰まってるな。ウチのママも、「なんでそんなに」って思うほど、毎日ピリピリしてる。どうしたらいいの？
　昨日はリビングのふすまをいきなり蹴っ飛ばしやがった。怖え〜！　いったい、どうすりゃいいの？

> パパ読んで！
> ママのトリセツ

必要なのは
睡眠、栄養、衛生、そして"味方"。

　赤ちゃんもママも、人間として必要なものはたった4つだけです。①睡眠、②栄養、③衛生（少しは片づいた部屋。週に何度かでもゆっくりおふろに入ること…etc）、そして④味方。それはパパだっていっしょですよね。

　なのにあなたの妻は、すべて赤ちゃんに与えっぱなし。**イライラは、人間として生理的に必要なものが足りていないサイン**です。心身とも限界状態に一番近かったとき、私もクローゼットを蹴っ飛ばして扉に穴をあけたり、結婚指輪を壁に投げつけたりしたことがありました。見ていた夫は、さぞかし恐ろしかったと思います。

　そんな状況が、ママの意志や忍耐力、あるいはパパの「魔法のひと言」で一気に好転することはありません。それよりも**栄養たっぷりのご飯と睡眠がとれることで、イライラの爆発の頻度は減っていきます**。そして、リビングは床が見えるくらいに片づけ、ゆっくりとお風呂に入る時間ができるようになることで、薄皮をむくように、少しずつラクになっていくのです。

　ここをなんとか乗り切れば大丈夫です。いい方向に回り出したら、必要なものは自分で補充できるようになっていきます。**あなたがすべてを整えてあげる必要はありません**。長期戦ですから、まずはできる範囲で大丈夫です。少しずつですが、きっと良い方向に向かっていきます。

第31話
外出くらいで干渉するな。

新米ママ　@ara4jyoshi・2時間
赤ちゃんと外出。気がまぎれる。家にいると煮詰まって気が狂いそう。外だと、赤ちゃんも楽しそうだし、私だってママ同士のおしゃべりで元気になれる。悩みもいっしょだし、お互いの解決法をシェアできるし。パパからメール。「今日晩メシなに？　いまどこにいるの？　また子づれでカフェ？」だって。ほっとけ。

　なんかウチのママと話題がカブるなぁ…。
　ウチのママも毎日ブラブラしてるんで、こないだこれと似たメール送ったら、案の定ブチキレ。赤ちゃん、首もすわってだいぶんしっかりしてきたけど、そのかわり家事が全然こなせてない。あ〜、また帰って洗濯か〜。

> パパ読んで！
> ママのトリセツ

ママ同士の会話は心のオアシス。

　赤ちゃんのママ同士でおしゃべりをすると、とても癒されます。本当にわかり合えるのは、同じ境遇のママだけです。グチを言い合っているだけでも、不思議と元気になれます。

　子育ての悩みに対するアドバイスだって、同じ赤ちゃんのママからであれば、素直に聞けます。ママたちが集まると、対等だからこそ話し手になったり、聞き手になったりしながら、情報のやりとりができるのです。

　本当は、一番身近なあなたに悩みやグチを聞いてほしい。でも、子育てにフルで関わっていないあなたには限界があります。あなただって、仕事のグチに対してわかったような顔でアドバイスされたらカチンと来ませんか？　ママだっていっしょです。

　それに、**あなたひとりでママのグチを延々聞き続けるのは不可能**です。あなたが耐えられなくなる前に、彼女が同じ仲間と過ごす時間を大切にしましょう。

　産院や公的な妊婦・育児教室、公民館のサークル、赤ちゃんとの習いごとで居心地の良い場所と仲間が見つかることもありますが、なかなか自分に合うところを見つけられない、私のような人見知りのママもいます。

　そのときは、産前にいた職場など、自分の居場所に早めに復帰することを考えましょう。人は、社会と切り離された状態に長くは耐えられません。それまでは、ときどきひとりで本屋、ウィンドウショッピング、カフェ、ゆっくり身支度やお風呂。**産まれる前の当たり前の日常を少しでも取り戻すことが、気分転換になります。**

パパも知っておこう!
ママと赤ちゃんで"お友だち"づくり

「赤ちゃんのママ」という、同じ境遇の女性とのおしゃべりは、この時期を乗り切るために必要な時間です。1ヵ月に1度でも、リアルな人間関係を持つことが大切です。

【無料の子育て交流サークル（児童館や公民館など）】

　身近な場所で定期的に開かれていることが多いので、行きやすくて便利。でも、いろんなタイプのママたちが集まってくるので、なじみにくい場合もあります。いままでバリバリのキャリアウーマンでやってきたママと、大学を出たての若いママでは、世代も環境も全然違います。いきなり同じ環境に放り込まれても、お互い困ります。私は人見知りが強いほうなので、そうした無料サークルは選択肢に入れませんでした。しかしその後、講師としていろいろな場所に呼ばれる機会が増え、意外に楽しい集まりが多いことがわかり、「もったいないことをしたな」と思いました。

【赤ちゃんとの習いごと】

　習いごとは、そのテーマに興味を持っている人だけが集まってくるので、価値観が似た人が多いです。さまざまな習いごとがあるので、ママの趣味に合った楽しいプログラムも見つかります。

　たとえば、簡単な手話やジェスチャーを使って赤ちゃんとコミュニケーションをとる「ベビーサイン」の教室。私が講師をしたクラスでは、「こんなに気の合う友達ができるとは思わなか

った」と喜ぶキャリア型のママ。また、「適度な距離感で心地よく過ごせる」と、ホッとした表情をされた、極度の人見知りのお子さんをもつママもいました。

その他、「ベビーマッサージ」や「ベビースイミング」。ママ向けにはヨガやピラティスなど、赤ちゃん連れで行ける習いごとも増えています。

もし気の合うママがいなくても、習いごとなら教室に集中して、終わったらさっと帰ればいいのです。交流が目的の子育てサークルより、気軽に通えます。それだけでも、ずっと家にいるより、劇的に気が晴れるのです。

【自治体主催のイベントや講座】

「ママサークルは合わなかった。経済的にも習いごとは厳しい」というママは、目を皿のようにして自治体の広報チェックを。無料、もしくは格安の託児付き＆子づれOKのイベントや講座が定期的に開かれています。

どんな形でも、社会とつながっている時間を確保することは、ママの心の健康を保つためも有効です。

【パパも参加してみよう】

パパが参加できる親子向けイベントなどを行なっていることもあります。機会があれば、ぜひ一度参加してみてください。これは、あなたにとっても「わがこと」です。普段、ママが顔を出している場所がどんなところか、話題を共有するためにも行ってみることをおすすめします。

第32話
ママがヤケ買い？

新米パパ　@kyushudanji・2時間
最近ママの出費がすごい。ヤケ買い？　稼ぎもないくせに。先週は買い物、今日はママ友とランチ、だって。オレの稼ぎだってそんなに多くないんだぞ。小遣いだって減る一方だし。もっと稼げって？　しょぼん。

　出た。お金の話。そんなこと言われなくったってわかってる！
　でも、家にいると赤ちゃんが泣いて、ぐずって。正直、気がくるいそうで耐えられないんだってば。
　外でブラブラすると赤ちゃんもおとなしいし、私だって気が晴れる。ランチだってみんな行ってるんだもん。たまにはいっしょに行きたいよ〜。
　買い物だって、いつも赤ちゃんの服が優先。私の服なんかいつも後回しで、結局タイムオーバー。これ以上何年も前の服着ていくの嫌なんですけど。
　でも、たしかにお金って不安。そろそろ仕事探そうかなぁ。

パパ読んで！
ママのトリセツ

外出と出費が止まらないなら、再就職のアドバイスも。

　お金の問題は、いくら感情をぶつけあっても解決しません。でも、少しくらいの出費は大目に見てあげてください。いまは、ママが仲間に会える時間や、気分転換のための時間を大切にしましょう。

　ただし、いくら気分転換のためとはいっても、極端に家計にひびくのは考えもの。**出費についてはお互いの許容範囲を決めておくとスッキリしますが**、もしその範囲を超えて出費がかさむ、ママの外出が続いて経済的に負担が大きいときは、今後についてさりげなく切り出してみましょう。もしかすると、外で働いて社会とつながりたいという気持ちの表れなのかもしれません。特にバリバリと働いていたタイプのママは、そのギャップに耐えられないことがあります。**「もしかして仕事したいんじゃないの？」とさりげなく尋ねてみてください。**「稼ぎもないくせに」などという言葉は禁句です。

　私の教室に来ていた方で、いつも表情が暗く、不機嫌だったママがいました。ところがある日突然、表情が明るくなり、笑顔が出るようになりました。どうしたのかと思って尋ねると、「職場復帰が決まっただけです」とのこと。

　家にこもりっきりの生活は本当に苦痛なのです。**ママが仕事を始めることで、家族みんなが楽になれることもある**のです。

第33話
もう限界、赤ちゃんに手を上げそう。

新米ママ　　@ara4jyoshi・8時間
もう限界だ〜。きのうの夜中、赤ちゃんに手を上げそうになった。泣きやまない。なんで。もうわかんないよ。どうしたらいいのか叫びそうになる。

　やっぱり「新米ママ」は、うちの奥さんだ。昨日、うちの奥さんも、泣きやまない赤ちゃんに手を上げそうになってた。ひとりでなんでも抱え込んで、頑張りすぎてるんじゃないか。ああ、オレがしっかりして、赤ちゃんとママを守ってやらんと。オレが変わらなくちゃ。

パパ読んで！
ママのトリセツ

虐待はパパへの最後のSOS。

　いつもにこやかに、家事も育児も上手にこなす優しいママ。そんなママは現実には存在しません。内心イライラしていても、ときには怒鳴っても、それなりに赤ちゃんのお世話ができていれば、もう充分なのです。私も、「もう、どうしたらいいっていうのよ！」と言って赤ちゃんといっしょに大泣きしたことが、これまで何度もあります。でも、それが１日に何度も起こる、赤ちゃんに本当に手を上げる、赤ちゃんのお世話をする気力がまったくなくなる。そこまでいくとピンチです。

　これは、パパへの最後のＳＯＳです。ママが育児から離れる時間をつくりましょう。ママのイライラのはけ口は通常パパです。もしかしてあなたは、**イライラするママに対して実現不可能な「理想論」を振りかざして追いつめたり、子育てや家事を放棄したりしていませんか？**　これは、最後通告です。あなたが赤ちゃんとママを守りましょう。

　まずはママの話を黙って聞いてください。「あなたはわかってない、私ばっかり」と、ひたすら罵倒されてください。そして、**「わかってなくて、本当にゴメン」**と、追い詰められているママの感情を受け止めてあげてください。家事と赤ちゃんのお世話はあなたがして、ママを少しでも赤ちゃんから離して下さい。長期戦になることも考えられます。頼れるなら実家を、無理なら赤ちゃんを一時預かりや保育園に入れることも視野に入れ、それでもダメな場合は地域の支援組織や専門家にも相談しましょう。ママを子育ての迷路から一時救出して、休ませてほしいのです。

パパも知っておこう!
産後ウツ

　産後ウツは、10人に1人がかかると言われています。原因は、出産によるホルモンバランスの変化や、環境の激変、ママの体質などいろいろな要因が絡んで起こっています。もともと精神の病の履歴のあるママは、特に注意してください。

【こんな兆候に注意】
- いままで当たり前にできていたこと（献立を決めるなど）ができなくなる。いままで楽しめていたこと（おしゃれなど）ができなくなる。
- 夜眠れなくなる（夜間の授乳後も眠れず、朝まで起きている）。
- 子育てに過度に悲観的になる。

　これらの症状が2週間以上続くと危険です。まずは専門家に相談しましょう。誰に相談したらいいかわからないときは、市町村の精神保健センターや、役場の支援課、出産をしたときにお世話になった産婦人科などに連絡。あなたひとりで抱えこんだり、実母や義母など"素人"どうしで話を終わらせないで、まずは相談してみてください。

【まずは休息を】
　安静と睡眠の確保をします。ウツは、エネルギーが枯渇しきった状態です。休養し、身体と心の疲れをとることで回復します。

【ウツになりがちなママの特徴】
　精神科医・佐々木正美氏の調べによると、ウツになりがちなママには、

①夫婦の仲が悪い
②社会とのつながりがない

という2つの特徴があるそうです。とにかく、キーパーソンはパパです。パパがママの味方であれば、ウツになる危険性は少なくなります。そして、同じ産後の友だちとおしゃべりする場所やいままでの居場所（職場やサークルなど）との人間的なつながりがあれば、少々イライラしたり、落ち込んだりしても復活できます。

【もしウツになってしまったら……】

もし、ウツになってしまったら、予防的に効果のある「社会とのつながり」をとることも難しくなります。まずは、あなた

> どーしてねないの？
> よその子とちがう？
> 育て方がわるいの？
> わたしのせい？
> 暗い井戸の底に赤ちゃんと二人っきりのような気がしてくる。

が産後すぐの時期にするべきだった、「産後1ヵ月の家事スケジュール」(72ページ参照)をこなして、ママにできる限り安静と休養を与えてください。

　ただし、1年近くの長期戦になると腹をくくり、落ち着いて対応してください。あなたも無理をせず、実家やその他、助けてくれるところすべてに声をかけて力を貸してもらいましょう。ママの気持ちを傷つけそうな発言をしそうな人たち(義母など)には、ママとの直接の接触は避けてもらいながら、赤ちゃんの世話や家事を手伝ってもらってください。

　なお、病気療養なら認可保育所も預かりの対象にしてくれます。役場など公的機関にもサポートについて相談してください。あなたが味方になり、病院にかかってママを休養させることで、産後ウツは良くなる病気です。

第7幕

どうなるオレたち？

もうすぐ1歳編

正直、もう少しハイハイしててほしい。
手の届くところが増えて欲しくない…。

第34話
赤ちゃんマジ天使。

新米パパ @kyushudanji・10時間
赤ちゃん最近マジ天使。オレに向かって、よくニコって笑うようになった。めちゃかわいいんですけど。

　いまさらかい（笑）。本当は、パパが赤ちゃんのことかわいくないんじゃないかって心配してたんだよね。赤ちゃんの面倒見てても、なんかムリヤリな感じがにじみ出てた。自分から遊んであげたりなんてこともなかったし。
　でも最近のパパ、赤ちゃんがしっかり笑うようになって、ようやくニヤニヤしながら赤ちゃんに話しかけるようになった。男って単純やな〜（苦笑）。

「かわいい」と思えたら夫も変わる。

　生後半年を過ぎると、赤ちゃんはあなたを見て、にっこりと笑うようになります。ママやパパのいままでの苦労を吹っ飛ばす、うれしい変化です。

　産まれてすぐの赤ちゃんは、どこかサルみたいです。そんな時期から素直にかわいいと感じるパパはむしろ少数派。**多くのパパは、赤ちゃんとやりとりができるようになってからだんだんかわいくなっていくようです。**

　このころになるとひとり座りができるようになり、さらに数ヵ月するとハイハイをしてパパの方に近寄ってきます。上目づかいであなたを見上げる視線に、もうメロメロです。普段はママからイライラされがちなパパでも、赤ちゃんが半年を過ぎると、子どもの遊び相手をしたり、自分にもできる家事を見つけて活躍できるようになってきます。特に生後5、6ヵ月を過ぎると離乳食が始まります。これは手間がかかる上、赤ちゃんが食べてくれないこともあり、結構なストレスです。**野菜の裏ごしなど、意外と力のいる仕事は、ぜひパパがやってみてください。**

「妻はどうでもいい。オレは子供たちのために、好きでもない仕事を頑張り続けてるんだ」。

　夫の上司が言っていた、いつわりのないホンネです。

　でも本当は、妻の笑顔も見ることができれば、もっとうれしいですよね。かわいらしくなった子どもの相手をパパがこなしてくれるようになれば、ママも「ひとりで抱え込まずにすむんだ」と、安心した笑顔を見せてくれるでしょう。

第35話
パパが赤ちゃん連れて出かけた!

新米ママ　@ara4jyoshi・10時間
パパが赤ちゃん連れていまから出かけてくるって！　これで2時間くらい昼寝できるかな〜。助かるけど、無事帰ってこれるのか？　マジで心配！

　やっぱこれ、オレじゃん（苦笑）。こないだ、近くのショッピングモールに赤ちゃん連れて出かけたときも、こんなに心配されてたんか（苦笑）。でも、赤ちゃん用のカートもあるし、オムツ替えもできる。ミルクもあげるとこあったぞ。赤ちゃんもしっかりしてきたし、2〜3時間くらいならおっぱいがなくても大丈夫みたい。ママも助かるって言ってるし、今回はオレ、イケてるんじゃない？

パパ読んで！
ママのトリセツ

パパは赤ちゃんと
お出かけの練習を。

　生後半年を過ぎたら、パパは赤ちゃんを連れて出かけましょう。ベビーカーで散歩するも良し、ドライブだってOKです。**1〜2時間でいいのです**。替えのオムツ、おしりふき、赤ちゃんの着替え、汚れ物を入れるビニール袋を詰め込んで、さあ出発です。

　昼夜を問わない赤ちゃんのお世話も、もう半年を過ぎました。ママはすでに限界を超えています。そんなときこそパパがどんどんヘルプに入りましょう。

　ママの頭に最初に浮かぶ不安は、赤ちゃんの無事。それに、平日仕事をしているパパにお世話をお願いすることに対し、心苦しい気持ちもあるでしょう。

　でもパパは明るく、元気に赤ちゃんと出かけてください。久しぶりにゆっくりと昼寝やお風呂に入る時間ができたら、ママは心も体も軽くなって上機嫌です。

　赤ちゃんとのふたりだけの外出は、思ったより楽チンかもしれないし、泣きわめいて大変なこともあるかもしれません。そんなときこそ、ママにねぎらいの言葉を伝えるチャンスです。

　帰ってきたら「大丈夫だった？」と聞かれるでしょう。「**なんとかうまく行ったよ。でも、泣き出すと大変だね。いつもお世話をしてるママはすごいよ！**」。赤ちゃんのお世話が大変なことを実感してからの、気持ちのこもったねぎらいの言葉は、ママの気持ちをさらに軽くしてくれるでしょう。

第36話
現在10ヵ月。世界一かわいいヤツ。

新米パパ　@kyushudanji・30分
10ヵ月になりました。上手にハイハイして、「パパ〜」と言わんばかりにこっちに来る。世界一かわいいヤツ。…とニヤけてたらママからメール。昼間つかまり立ちをして机のカドで頭をぶつけたって!?　なんてこったい、カドにつけるフカフカのヤツ買って帰らねば！

　いや〜、赤ちゃんかわいくてたまらんみたいね。いい傾向だけど、いままで私が「これが困ってる」って何回言っても自分から動かなかったのに、赤ちゃんが困ったらすぐに動けるんかい。何、このゲンキンな態度は。まあ、いいけどさ。

パパ読んで！
ママのトリセツ

1歳前の安全対策&
ママへのサプライズを！

1）お部屋の安全対策

　1歳が近づいてくると、赤ちゃんの運動能力も伸びてきて、つかまり立ちであちこちぶつかったり、転んだり、引き出しを開けて中身をぶちまけたりします。「薬の入った引き出しを開ける」、「台所で火を使ってるのにまとわりついてくる」などのSOSがあったら、さあパパの出番！　お部屋の模様替えや引き出しのロック、ベビーゲート（転倒防止柵）など、持ち前の知識やDIYのワザを総動員して対策を。**「いろんな便利グッズがあるみたいだけど、お店に行ってみない？」**と、ママを誘ってみてください。

2）「ママ1歳」のプレゼント

　赤ちゃんをかわいく思えるようになってようやく、パパから率先してスピーディーに動けるようになりました。この変化は喜ばれる反面、「いままで私のことは全部スルーだったくせに。その態度の差は何？」とツッコまれることもあります。

　そろそろ赤ちゃんが来て1年。赤ちゃんのお誕生日の準備とともに、「ママ1歳」のプレゼントを贈ってみませんか？

　例えば、「ママ、1年間本当にありがとう」などと、なかなか面と向かって言えないことをカードにしたためて、お花やケーキといっしょにプレゼント。これからどんなクライシスが訪れても、**この日のことをママは一生忘れないでしょう。**

ふたりで読もう。ふたりで話そう。

赤ちゃんの発熱

　生後6か月を過ぎると、赤ちゃんが高熱を出すことがあります。ほとんどが「突発性発疹」と言われる、みんながかかる問題ない病気ですが、ママはどうしたらいいのか不安になります。そんなときこそ、パパが率先してサポートしてください。

①連絡先のリストの整理
- **かかりつけ医**……生後3か月を過ぎると予防接種の機会も出てくるので、ママといっしょにかかりつけの小児科を決めましょう。小児科が開いている時間に熱が出た場合は、まず窓口に電話してから受診しましょう。
- **夜間救急外来や相談ダイヤル**……熱は、夕方ぐらいから出始めて、夜中に高熱となることが多いようです。夜間に連れていける小児科のある救急病院をチェックしておきましょう。救急病院や子どもへの対応を教えてくれるテレホンセンターもありますので、かかりつけ医の窓口などであらかじめ聞いておくと便利です。連絡先がわからないときは119番へ。救急車を呼ぶだけでなく、子どもの発熱で連れていける病院を紹介してもらえます。ちなみに、「＃8000」に電話をすると、あなたの住む自治体の休日や夜間の小児医療の相談センター（小児救急電話相談）につながります。ここでも、対応についての相談や、病院の紹介をしてもらえます。

②病院に連れていく
　パパの仕事中にママからの連絡があったら、できるだけすぐ

に駆けつけて、病院まで連れて行ってください。でも、どうしても仕事で無理な場合もあります。そのときに備えて、健康保険証といっしょに緊急時のタクシー代とタクシー営業所の電話番号を準備しておきましょう。

　もし、初めての発熱でけいれんなどをおこしてしまったら、ママは不安で、冷静に行動できないでしょう。そんなときは救急車（119番）を呼んで構いません。仕事先にママが電話してきて、気が動転しているようなら、「救急車を呼んで！」と言ってあげてください。救急車で搬送されるときは、救急隊が搬送先の病院を調べてくれますので安心です。まずは慌てず119番。ただ、救急搬送されると帰りの足がないので、タクシー代を持って出ることを忘れずに。

③パパはまめに連絡を

　もしパパが連れていけないときは、ママがひとりで赤ちゃんを病院に連れていきます。病院では携帯がつながらないかもしれませんが、できれば何度か連絡してあげてください。誰かと話をするだけでも、はりつめていたママの気持ちがホッとすることがあるのです。

④早めに帰宅

　仕事は忙しいでしょうが、赤ちゃんの容態が落ち着くまで、できる限り早めに帰りましょう。病院にかかっても、熱は1〜4日、上がったり下がったりの状態が続きます。パパがいっしょにいてくれることで助かります。帰宅前には、ママに尋ねた上で熱冷まし用の"冷却シート"、赤ちゃん用のイオン飲料や氷枕など、必要なものをパパが買って帰りましょう。

第37話
家族で動物園に行こう！

新米ママ @ara4jyoshi・5時間
最近赤ちゃんがキリンの絵本を見て、ニコニコしてる。動物園に連れてってもらおう。楽しんでくれるといいなあ〜。

　動物園かあ。まだ7ヵ月のころ、ヤギと白鳥がいる公園に行ったんだけど、寒いし、赤ちゃん動物に興味ないわで、ガッカリだったよ。今度は楽しんでくれるといいなあ。キリンの絵本、確かに興味持ってたからね。本物を見せてやるかあ！

> パパ読んで！
> ママのトリセツ

ファミリー・レジャーで
経験値アップ！

　赤ちゃんが1歳近くになると、動物園や遊園地といった、ファミリー向けの施設が楽しめるようになってきます。赤ちゃんがいつもとは違う環境ではしゃいだり、ちょっとびっくりしたり。そんな様子を2人で見守るのは、とっても楽しいことです。ママも久しぶりにおしゃれをしたりして、お出かけモード。テンションが上がります。**おしゃれの力は女性にとって絶大で**、それだけで気分が晴れやかになるでしょう。

　近くのショッピングモールで修行を積み、**経験値をアップさせたパパが、オムツや着替えなどお出かけの準備**を抜かりなく進めましょう。赤ちゃんがもっと小さなころには、ママの好きな近くのカフェやパン屋さんのイートイン・スペースなどで、家族でのお出かけに慣れる練習ができるといいですね。

　いよいよお出かけ。車なら、パパが赤ちゃんをチャイルドシートに乗せて。近場なら、パパがベビーカーを押したり、抱っこひもをつけたり。

　ちょっとしたお出かけでも、いつもと違ってパパがいると、ママも赤ちゃんも新鮮な気分。**お出かけ中に赤ちゃんが泣いたら（原因がおっぱいじゃない限り）、パパが赤ちゃんをあやしてあげてください。**その間、ママは引き続きひとりの時間を楽しめます。そんな週末の楽しみがあれば、ママも平日の単調なお世話に耐えることができます。パパの"お出かけスキル"がアップすれば、自信がついて、もっといろいろなお出かけがしたくなるでしょう。

第38話
保育園に空きが出た！

新米ママ　　@ara4jyoshi・6時間
保育園に空きが出た！　赤ちゃんと離れるのは心配だけど、このタイミングで預けないと、すぐ埋まっちゃうしなぁ。

　たしかに、ママは仕事した方が精神衛生上も良さそうだ。それはオレだってわかる。赤ちゃんだってイライラしてるママと家にこもってるよりも、保育園でみんなと遊んだ方がいいかもしれないなぁ。

　ああ〜、でも、もし保育園に入れるとしたらオレの母ちゃんにも言っとかないとなぁ。絶対「かわいそう」とか言うだろうなぁ。がんばって、オレが母ちゃんに言ってやらないと。

パパ読んで！
ママのトリセツ

保育園に預ける
メリットは大きい。

　生後半年を過ぎると、認可保育所に赤ちゃんを預けることができます。「保育園に行かせるなんてかわいそう」。そんな考えは時代錯誤、かつ非科学的です。アメリカの国立保健機関による大規模な保育学上の調査からも、母親が育てても保育園に預けても、子どもの発達には差がないことが明らかになっていますし、逆にウツ傾向の低い母親から育てられるほうが、その後の発達が良いことが確かめられたそうです。

　ただし、再就職のタイミングと保育所の空き状況がマッチしないとうまく行きません。いまがそのチャンスなのです。

　いざ保育園に預けることになったら、多くのママは心のどこかで罪悪感を感じます。でも安心してください。赤ちゃんは、保育園でリズムの整った生活をみんなといっしょに過ごすのです。保育士の先生はプロです。いつも優しく赤ちゃんに接します。ママだって、**24時間の育児労働から解放され、以前より優しい気持ちで赤ちゃんに接することができます**。かわいそうどころか、メリットがいっぱいなのです。

　もしあなたの母親が反対しているなら、保育園にはたくさんの友達もいるし、家族以外の優しい大人に接することもできるというような**メリットがたくさんあるということを、あなた自身が説明してあげてください**。

第39話
ふたりの時間？まだ考えられん。

新米ママ @ara4jyoshi・6時間
20代のママが「赤ちゃんばっかりかまってたら、夫がスネるんです。映画に行ったりして、もっとふたりの時間をつくってあげようと思います」って。夫とふたりの時間なんて発想なかった。私はまだそこまで考えられん。さすが20代。考え方が斬新。

　20代のママ、エライなあ。オレんところも、これくらいかわいいところがあればなあ。
　でも、20代のママ。キミのダンナは、別にふたりで映画に行きたくてスネてるんじゃないぞ。アレだよ、スキンシップ♡

> パパ読んで！
> ママのトリセツ

夜の営みは急がず段階を踏んで。

　赤ちゃんが産まれたら、夫婦関係はいったんリセットです。赤ちゃんが産まれたときに、ふたりの出会いが再スタートするのです。とにかくママに好かれることが先決です。

　手をつなぐ。肩をもむ。ハグをする。初歩的なスキンシップからゆっくり進んでください。**愛情を表現する言葉があり、スキンシップがあって初めて、セックスに到達する**ものです。新鮮な気持ちで、恋愛をやり直すんだと思って段階を踏んでください。

　そして、女性の性欲は、周期的に高い時期が来ます。個人差はありますが、**1ヵ月のうちに約3～7日。生理の2週間くらい前**の時期です。

　性欲がある、つまりOKの時期（生理の2週間前くらい）→PMS（月経前症候群）と呼ばれる、イライラの上昇期（生理前約4～5日から生理終了まで）→比較的穏やかな時期の繰り返しです。いいタイミングで誘えればOKしてもらえるでしょう。**ママから誘うのも恥ずかしいので、できればパパがめげずに誘ってください。**今回断られたのは、周期的にその気にならなかっただけかもしれません。1ヵ月に数日のOKの日を当てる"賭(か)け"だと思って、ママの機嫌を見つつ、ときどきチャレンジしてみましょう。

ふたりで読もう。ふたりで話そう。
2人目が産まれたら上の子のケアを

「2人目の子が赤ちゃんのころの記憶がない」。

ベビーサインのクラスのママ達がよく言うセリフです。赤ちゃんのお世話の合間に上の子の面倒をみるのは、正直、記憶が飛ぶほど大変です。年子や、2歳差くらいで赤ちゃんを産んだママには、特にその傾向が強いようです。しかし、間を空けずに子どもを産むことで、認可の保育園や幼稚園の費用が（2人目から）減額されるなど、経済的なメリットは侮れません（ただし地域や園によって違いがあります）。毎日のお世話で余裕のない時期でしょうが、そろそろふたりで考えてみましょう。

【上の子の「赤ちゃん返り」】

2人目の出産でよく起こる問題が、上の子の「赤ちゃん返り」です。「ママをとられた！」とばかりに、いままでひとりでできたはずのことでも、ママのお世話をしてもらいたがります。もちろんママだって、上の子のそういう切ない要求には応えてあげたいのですが、そうしてばかりもいられないのが実情。ママが上の子のケアをしているときには、下の子のお世話はパパが率先して行いましょう。

また、上の子が赤ちゃんをかわいがったり、家事やお世話のお手伝いをしてくれたら、「さすがお兄（姉）ちゃんだね！」と、すかさずホメてあげましょう。赤ちゃんのマネをするのは、ママやパパの関心をひくため。でも、赤ちゃんのマネをするだけでなく、お兄（姉）ちゃんとして立派に行動をすることでも親の関心が得

られることがわかれば、赤ちゃん返りも解消されていきます。

【言葉かけとスキンシップ】

　上の子が、もう言葉がわかる年齢なら、「赤ちゃんが産まれて家族が増えるとね、○○ちゃんを好きって気持ちがもっともっと大きくなるんだよ。赤ちゃんが産まれたらもっと○○ちゃんのこと大好きになっちゃうんだよ。楽しみだね！」というふうに（大げさと思っても）、何度も言って聞かせてあげてください。そうすれば、「赤ちゃんとボクのどっちが好きなの？」といった不安が緩和されます。

　そして、1日数回でいいから（おすすめは毎日のお風呂と寝る前）、ハグをしてあげてください。「○○ちゃんのことが大好き。産まれてくれてありがとう！」という無条件の愛情（肯定）を、体で伝えるのです。イライラやドタバタで、上の子への愛情表現はついおろそかになりがちですが、態度で伝えられれば、ぬくもりや愛情はしっかり伝わります。

【叱りすぎてしまったときは……】

　もし上の子にたくさんのことを期待しすぎて、叱りすぎてしまったとしても、「今日はお兄（姉）ちゃんのこと叱りすぎちゃってゴメンね。お兄（姉）ちゃんだってまだ子どもなんだから、できなくても当然だよね」というふうに、率直に謝ってください。すると、上の子の気持ちも落ち着きます。私も、よく上の子に叱りすぎて謝ります。すると「いいよ、ママ。私もいけなかったんだもん」と言って、許してくれるのです。まだ小さい子どもが、親を慰めようとする優しさが心にしみます。みなさんが時間をかけて「パパ」や「ママ」になっていくように、この子たちもゆっくり、「お兄ちゃん」や「お姉ちゃん」になっていくのです。

第40話
いつまで続く、この生活。

新米パパ　@kyushudanji・6時間
いつまで続くの、この生活？　なんでオレばっかり、こんなにビクビク生活してるんだ？　このまま一生、こんな生活が続くかと思うと正直つらい。ヘルプミ〜！

　私だって、イライラしたくてしてるんじゃないっっ〜の。いつイライラが終わるのか、私だって知りたいよ！

　でも、他のママたちの話を聞いてて、ウチのパパは結構がんばってくれてる方だってわかった。仕事から早く帰ってきてくれて、お休みの日も赤ちゃんを見てくれて。本当にありがたいことなんだろうな。だけどいまは、素直に感謝することができないんだな〜。

パパ読んで！
ママのトリセツ

そのイライラ、
小学校に上がるまで。

　私が**イライラしなくなったのは、子どもが小学校に入ってから**でした。幼稚園の送り迎えもなくなり、自分で行って帰ってくる。それだけでストレスが劇的に減りました。

　小学校に上がってしばらくしたころ、娘に「ママ、さいきんおこらなくなったね」と手紙をもらいました。いままでどれだけイライラしていたのかと、本当に申し訳なく感じました。

　……なのに。**2人目を妊娠したらあっという間にイライラの日々に逆戻り**。「私あのとき、本当に申し訳ないって思って、娘と夫への感謝にあふれていたのに。なんで？」

　妊娠による生理的な反応というものは、人間の意思や理性の力を超えています。「ポジティブ心理学」の祖といわれるドナルド・O・クリフトンは、「人間の心は水の入ったバケツのようなもの」と例えました。その水がたっぷりあれば、感謝の気持ちは簡単に湧き上がります。しかし、水が少なければイライラして力が出ません。妊娠、出産という生理的・環境的な激変が起こると、そのバケツに穴が空いてしまうのか、水がたまらないのです。いまはバケツの水がカラカラにならないよう、**ママに「ありがとう」の言葉を伝え続けてください**。そのうちバケツの穴は自然にふさがって、ママは感謝を言葉にできるようになっていきます。

第41話
オレだって感謝されたい。

新米パパ @kyushudanji・1時間
オレだって感謝されたい！　毎日がんばってるのに。子育ても、仕事も。がんばるのは当たり前って割り切ってるつもりだけど、しんどくなってくるよ〜！

　う〜ん（苦笑）。がんばってくれてるのはホントによくわかってる。でも、アンタまでお守りしてくれなんて、正直ムリ。赤ちゃんと自分のことだけで一杯一杯。そこまで気が回らん。
　なにかしてくれた後にはいつも「ありがとう」って言ってるはずなんだけど。「助かる」ぐらいならつけてやってもいいかなぁ…。あんまりいろいろ求めないでよ〜！

パパ読んで！
ママのトリセツ

辛い気持ちの上手な伝え方

　パパ向けの子育て講座でこんなことがありました。その講座では、最後に「お疲れ様でした」と、１人ずつ〈修了証書〉を渡していたのですが、感極（きわ）まって泣き出したパパがいたのです。毎日働いて、家に帰れば赤ちゃんのお風呂、掃除、洗濯、皿洗い。そのとき私は気づいたのです。**赤ちゃんのパパはみんなダブルワーク。なのに、誰からもほめられない。**

　実は**「産後ウツ」はパパにもあります**。ですから、ときには辛い気持ちを妻に伝えることも必要かもしれません。しかし、カップルの会話のうち**ネガティブな内容とポジティブな内容が１対３に近づくとそのカップルの98パーセントは離婚する**という、ワシントン大学のジョン・ゴッドマンの研究があります。逆に１対５ぐらいだと長続きします。**ポジティブな内容を交えながら、上手に伝えましょう。**伝える日は朝から「おはよう」、「ありがとう」といったあいさつも忘れずに。

「赤ちゃんをいつも見てくれてありがとう」（ポジティブ）➡「オレもできる限りの家事とお世話をしてるつもりなんだよ。なのに、誰からも認められないのが辛いんだ」（ネガティブな内容を自分の気持ちとして伝える）➡「気分転換しないとオレも調子が出ないんだ。週に１回、以前行っていたスポーツクラブに通わせてくれないかな？」（胸に手を当てて、自分が本当に欲しいと思うものを妻に伝える）

　女性は、まず相手に共感できるかどうかに重きを置く習性を持っています。あなたの「辛い」という気持ちに共感できれば、改善の糸口が見つかるでしょう。

第42話
いつか、昔みたいに戻れるのかな？

新米ママ　@ara4jyoshi・6時間
いつか、大好きだった昔みたいに戻れるのかな？　やっぱり、気が利かないパパにはイライラする。でも最近、自分も変わらないといけないのかなって、少し思えてきた。

　少しじゃなくて、いっぱい変わってほしいんですけど。でも、そんなこと言えない小心者のオレ。
　赤ちゃんはかわいい。でも正直、ママへの思いは義務感というか、愛情なのかどうかよくわからない。これが家族になるということなのかと思うけど、なんだか少し寂しい。いつか、昔みたいに仲良くなれるのかなぁ。
「新米ママ」は、やっぱりオレの妻だ。鈍いオレだけど、間違いないと思う。
　ツイッターでしか本音を伝えられないオレたち。
　この先どうなるんだろ!?

夫婦は"同志"を目指そう。

　夫婦関係のゴールは、**「自分より相手のことを先に考えられるような関係」**になっていくことだと思います。

　昔、大学で仕事をしていたとき、チームでの共同研究がなかなかうまくいかず、行きづまった時期がありました。そのとき、大学院時代にお世話になった指導教官に相談に行きました。すると、人格者で知られたその先生は、「誰かといっしょに仕事をするときは、まず相手のことを考えるんだ。自分の業績より、お互いが相手のことを考える。そうすることで、関係が長く続くようになるんだ。君も、旦那さんに対してはそうしているだろう？」と言われたのです。私は、夫に対して思ったこともないことを当たり前のように言われてしまい、「はぁ……」とマヌケにうなずくことしかできませんでした。

　しかし年月を経るごとに、この考え方は、仕事や日常生活の場においても有効なものだと実感するようになってきました。まず相手のことを考えるという姿勢は、ときに**対立する相手と和(わ)し、相手を仲間に変えてしまう**、「勝つための戦略」でもあるのです。これは、私のやっている合気道の極意でもあります。

　そりゃあ夫婦に比べたら、まったくの他人との関係なんて楽なものです。つまるところ夫婦は、お互いが幸せな人生を送るための、長い修行の旅を、いっしょにしているようなものなのかも知れません。

エピローグ

パパ「ただいま〜」
ママ「おかえり！　お風呂わいてるよ」
パパ「うん。あ、惣菜買ってきた。あとで食べない？」
ママ「ありがとう」
赤ちゃん「あっ、あっ」
パパ「ただいま！　パパでちゅよ〜。かわいいなあ。仕事の疲れも癒されるよ。お風呂に入りまちょ〜ね〜」
ママ「(やっぱ、パパは単純だわ) あ〜、よかったね」
パパ「ママ…。えっと、あのさぁ…」
ママ「何？」
パパ「オレ、ツイッターでこんなの見たんだけど…もしかして、この〈新米ママ〉っていうのはママなんじゃない？」
ママ「あ………バレちゃった？」
パパ「うん。あと、オレもツイッターしてるんだ。この…」
ママ「知ってるよ。〈新米パパ〉でしょ」
パパ「え？　マジで!?」
ママ「うん、出産前から知ってたよ。九州男児クン！」
パパ「マジかよ〜！」
ママ「実は私もフォローしてたんだよ。ふつう気がつくって〜（笑）」
パパ「あ…あのさあ、オレってなかなか気がつかないし、ママのしてほしいこととか、察するってできないよね」
ママ「あ、うん。確かにそうかも…」
パパ「しかも、こうしたらいいのかな？って、思ってやった

ことって、たいてい裏目じゃん」
ママ「まあ、そうだよね」
パパ「(いや、そこは嘘でもいいから否定してよｗ)うん、だ
　　　からね、よかったら、なんかあったら心にためないで、
　　　思ったこととかさ、こうしたいとかさ、もっと言ってく
　　　れた方が助かるんだ」
ママ「…うん」
パパ「いろいろがまんされても、がまんしてやってくれてる
　　　なんてわかんないの。オレ、バカだから」
ママ「うん。そうだよね。バカだからね」
パパ「(だから、そこも否定しろｗｗ)だからさ、ツイートで
　　　もいいけど、よかったらいろいろ話をしてほしいと思う
　　　んだ。オレもがんばるからさ。ママひとりががまんしな
　　　いでいいように」
ママ「う、うん。……えーん！」
パパ「うゎ！　何で泣くんだ!?　また、オレ悪いこと言った？」
ママ「いや、これはちがうよ…ありがとう」
パパ「お、おう」
赤ちゃん「ぎゃ〜!!」
パパ「あ！　ごめんね〜。パパはママをいじめてたんじゃな
　　　いでちゅよ〜。ちょっと大事なお話ししてたんでちゅよ
　　　〜。ばぁ〜」
ママ「フフッ」
パパ「え!?」
ママ「いや、パパがいてよかったなって、思っただけ」
パパ「お、…おう！」

ママ「うん、じゃあ今日もいっしょにお風呂よろしくね」
パパ「おう！」

ふたりで読もう。ふたりで考えよう。
日常を少しずつ変えていく

　子育てのコツ、夫婦関係のコツというと、赤ちゃんのグズリや夫婦ゲンカといった危機的な状況を"魔法"のように解決してくれるマニュアルだと勘違いされがちです。でも、実はそんな特効薬のようなものはありません。大切なのは、危機に陥らないために、まず当たり前の日常生活を変えていくこと。危機のサイン（兆候）を見逃さず、毎日の行動や言葉を少しずつ見直していくことでしか、状況を変えることはできません。

　本書ではその「改善のヒント」を述べてきました。ここで改めて、産後クライシスを乗り切る「基本技5ヶ条」をおさらいしてみましょう。

（1ヶ条）「完璧な母」は幻想だと理解する

　問題の根はたいていココです（特にアラフォー新米ママ）。まずはパパだけでも、子育てと家事、あるいは親戚との人間関係をママひとりで完璧にこなすことがそもそも無理な相談であることを理解してください。

（2ヶ条）まず「生理的欲求＝食事＆睡眠」を解消すること

　夫婦関係が危機的な状況であるときは、会話や気持ちの伝え方をあれこれと悩む前に、まず睡眠や食事など、ママの生理的な欲求を満たしてあげる方が効果的です。ヘタに相談に乗って問題をこじらせるよりも、ママにゆっくりご飯を食べさせ、寝かせましょう。次にゆっくり風呂に入ってもらう時間を作る。最後に話を聞く。順番を間違えないようにしましょう。

(3ヶ条) 家事、育児の分担をする

ずっと家事育児でオンタイムのママに、しばしの休息を。チームメイトであるパパが、オフタイムを作ってあげてください。

(4ヶ条) あいさつと「ありがとう」は欠かさない

夫婦の間でネガティブな会話とポジティブな会話の割合が1対3に近づくと、その夫婦は破局に向かいます。逆にポジティブな会話がネガティブの5倍あれば、カップルは長く続きます。会話の割合をポジティブ5対ネガティブ1に近づけるために、ダメ出しや批判はときどき。その5倍の気持ちのよい会話やあいさつを欠かさず、感謝とねぎらいの気持ちを伝えましょう。

(5ヶ条) 離婚は最後の選択肢

どうしても関係を続けられない。そのときは確かに、離婚という選択肢もあります。しかし、ひどい夫婦関係でも（DVなどのケースを除き）別れればすぐ楽になるというわけではありません。離婚の後は、「耐えられない、おかしくなりそうなほどの孤独」に襲われます。男性は特に、一度「家族」を味わってしまったら、元の気楽なひとりに戻ることは想像以上に辛いのです。妻との苦しい関係は、出産後の1年さえ耐えれば、少しずつ治まっていくはず。それでも、どうしても耐えられないときだけ、最後の選択肢として離婚を考えればいいと思います。

とにかく産後の1年を乗り切れば、少しずつラクになっていきます。そして、いままで以上の家族としての幸せがあなたを待っているはずです。

おわりに

　第1子出産後の1年間の生活は、私にとっても家族にとっても大きな試練でした。

　苦闘の日々は、一歩ずつの前進、いや、一進一退の攻防戦でした。でも、少しずつ環境が良くなっていくたびに、1枚ずつ薄皮がはがれていくように、だんだんと生きやすく、自由になっていくような気がしました。

　子育てという負荷が、逆に、私自身がどんな人間なのか、私にとっての幸せとは何なのかを教えてくれたのです。

　いま、私は子ども達がいてくれて本当に幸せです。わが子のかわいらしさ、優しさ、まっすぐな愛は、自分がまだ若かったころの夢を方向転換させてあり余るほど価値のあるものでしたし、その方向転換こそ、私をストレスの真っただ中から、もっと幸せになる道に導いてくれました。その結果、自分のキャリアを最大限生かし、楽しみながら、地に足の着いた形でたくさんの人に幸せを分けることができる、いまの仕事につながったのです。

　1人目が赤ちゃんのときは、確かに辛い思いをしましたが、もっとラクに生きられる次のステージに上がるための「修行」だったような気がします。

　この修行を乗り切れるかどうかのキーパーソンは、間違いなく夫でした。私を信じ、あせらず、ときにはぶつかりながら（ダメ出しされながら）毎日の赤ちゃんのお世話の積み重ねをしてくれた夫はまさに、人生の大切なパートナーです。

皆さんにとって、これから5年、10年経ってから、「あのときは本当に大変だったけど、いまは幸せだね」と思える日が来ることを願っています。

山本ユキコ

謝　辞

私を合気道と心理学で育ててくださった方々を代表して、お二人の恩師、菅沼守人総師範と中溝幸夫教授。そして今回の原稿に感想やコメントいただいた、神田睦さま、中村信昭師範、櫻木清香先生、正井彩香さま、河野美穂子さま。この本のためのアンケートに快くお答えくださった、50名のママと、数名のパパ。心より感謝しています。ありがとうございました。

[著者]
山本ユキコ

北九州大学（現北九州市立大学）文学部人間関係学科卒、九州大学大学院人間環境学研究科修士課程、博士課程修了（博士号取得）。学術振興会特別研究員・岡崎国立生理学研究所（現自然科学研究機構）心理生理学部門研究員、科学技術振興機構脳科学と教育研究員、九州大学ベンチャー・ビジネス・ラボラトリー（現ロバート・ファン／アントレプレナーシップ・センター）研究員を歴任。その後、自身の子育てに困った経験と心理学の知識を合わせて、子育て支援の活動をはじめ、〈子育てフィロソフィ〉講座を主催、約2000人以上の親子の指導をする。「子育てはチームでするものである」という趣旨のもと、母親ひとりで子育てをすることからくる育児の諸問題の解消を目指し、活動を続けている。2019年4月より「キッズ・キッズ折尾保育園」園長。シャーロックホームズとドラマ『相棒』が大好き。合気道歴25年（三段）。「からだ美人になる子づれＯＫ合気道」代表。著書に『赤ちゃんがぐっすり寝てくれる奇跡の７日間プログラム』（あさ出版）『子どもが伸びるがんばらない子育て』（ながさわゆみこ漫画、フォレスト出版）がある。

出産・育児ママのトリセツ
「子どもができて妻が別人になりました」というあなたへ

2016年3月1日　初版第1刷発行
2020年1月15日　初版第6刷発行

著　者　山本ユキコ
発行者　藤村興晴
発行所　忘羊社
〒810-0074　福岡市中央区大手門1-7-18
電　話 092-406-2036　ＦＡＸ　092-406-2093

印刷・製本　シナノ・パブリッシングプレス
落丁本・乱丁本はお取替えいたします。定価はカバーに表示しています

Yukiko Yamamoto Ⓒ Printed in Japan 2016